컴퓨터적 사고를 위한 Visual Programming

아두블록클리 활용

Ardublockly Application

조도현 저

B.C.Info

컴퓨터적 사고를 위한 Visual Programming

Ardublockly 활용

조도현 저

복두출판사

PREFACE

머리말

인공지능(AI)을 기반으로 하는 다양한 도구들이 실용화는 시대가 되었다. 단순히 프로그램을 작성하는 능력이 필요한 시대를 넘어 그것을 활용하는 능력이 중요한 시대가 된 것이다.

대학이나 연구/개발하는 분야의 특정한 사람들에 한정되지 않고 일상생활에서 컴퓨터를 효과적으로 활용하는 능력이 필요하게 되었다. 컴퓨터를 활용하고 컴퓨터 환경에서 제공되는 다양한 도구들을 효과적으로 사용하기 위해서는 컴퓨터적 사고(computational thinking) 능력이 필요하다.

전 세계 모든 나라들이 이러한 컴퓨터적 사고 능력을 자라나는 세대에게 준비시키기 위하여 많은 노력을 기울이고 있고, 우리나라도 과거 프로그래밍 언어 교육을 통해 이 문제를 해결하려고 노력해 왔다. 그러나 기존의 C, C++, 자바(JAVA)나 파이썬(Python) 등과 같은 텍스트 기반의 프로그램 언어들은 복잡한 문법에 따라야 하는 어려움에 실효를 거두지 못하다가 최근 스크래치(Scratch) 교육을 도입하여 성과를 기대하고 있다.

스크래치는 대표적인 비주얼 프로그래밍 언어(Visual Programming Language, VPL)로 기존의 텍스트 기반의 프로그램 언어들은 복잡한 문법에 따라 작성되는 반면, 그래픽적인 방법에 의해 쉽고 직관적으로 사용자가 프로그램을 작성할 수 있게 해준다.

비주얼 프로그래밍 언어들은 컴퓨터 프로그래밍의 초보자가 프로그래밍 문법이 아닌 컴퓨터적 사고(computational thinking)에 집중할 수 있도록 해준다.

한편 10여 년 전부터 전문가가 아니더라도 마이크로프로세서로 창의적으로 문제를 해결하는 아두이노가 전세계적으로 활용되고 있다. 아두이노는 C언어 기반의 개발환경에서 활용이 가능하지만 일반적인 C언어보다 문법이 쉽고 단순해서 전문가가 아닌 사람들이나 초보자들이 활용하기 좋은 도구이다. 하지만 여전히 텍스트 형태로 프로그램을 작성해야 한다.

이 책은 비쥬얼 프로그래밍 언어 방식(VPL)으로 구글에서 스크래치와 함께 개발된 Blockly인 Ardublockly를 사용하여 아두이노을 활용하는 방법을 설명하였고, VPL의 장점인 문법이 아닌 직관적인 그래픽적 방법으로 아두이노를 프로그래밍하고 활용하는 방법을 기술하였다.

처음 아두이노를 다루어 보거나 컴퓨터 화면 속에 한정된 스크래치의 컴퓨터적 사고능력을 아두이노에 활용하기 원하는 사람들에게 다양한 전자제어를 가능하게 하고, 블루투스 통신으로 스마트 기기와 연결된 기초적인 IoT 영역까지 학습할 수 있도록 구성하였다. 또한 3D프린터를 활용하여 구조물을 출력하고, Ardublockly에서 아두이노로 제어하는 과정의 예제를 포함하였다.

이 책을 통하여 비주얼 프로그래밍 언어인 Ardublockly로 아두이노의 활용이나 컴퓨터적 사고 능력이 향상되고, 기존의 컴퓨터 프로그래밍 언어를 학습하는 것에도 도움이 되리라 생각한다.

GTG

참고 이 책은 저자의 다른 저서인 "스마트 폰으로 제어하는 아두이노"와 "IoT 제어를 위한 아두이노('스마트 폰, 블루투스, 이더넷, WiFi 그리고 아두이노'의 개정판)"의 내용을 참고하였다. 또한 이들 도서를 아두이노로 좀더 심화되고 다양한 IoT 제어 기술을 배우기 원하는 학습자에게 추천한다.

CONTENTS

이 책의 구성

Chapter 5 피에조로 소리내기

Chapter 6 시리얼 통신으로 제어하기

Chapter 7 센서 활용하기

Chapter 8 센서 응용하기

CONTENTS

Chapter 13 Ardublockly와 아두이노 스케치

APPENDIX A 스마트폰 제어 App 만들기

APPENDIX B 베이스 보드 활용

CHAPTER

01

Ardublockly란?

컴퓨팅 프로그램을 C언어나 파이썬(Python) 등으로 코딩하는 방식이 아닌 비쥬얼 블록을 결합하는 방식으로 프로그래밍 하는 방법인 Ardublockly로 아두이노를 사용하는 방법과 컴퓨터적 사고를 위한 프로그램 원리를 배워보자.

이 장은 Ardublockly의 일반적인 내용을 설명하기 위하여 Blockly와 아두이노에 대한 소개와 일반적인 설명을 포함한 부분으로 건너 뛰어 학습할 수 있다.

1.1 Google Blockly의 개요

Blockly는 Google의 오픈 소스 프로젝트로, 시각적 블록 프로그래밍 언어(Visual Programming Language) 및 편집기를 만들기 위한 JavaScript 라이브러리이다. 일반적으로 웹브라우저에서 실행되며 Scratch와 유사하며 리눅스 및 iOS에서 사용할 수 있다(https://developers.google.com/blockly/).

Blockly는 C언어나 파이썬(Python) 등과 같이 텍스트 형태로 코딩하는 방식이 아닌 스크래치와 같이 비쥬얼 블록(visual blocks)을 사용하여 코드 작성을 쉽게 할 수 있는 프로그래밍 도구이다. Blockly로 작성된 블록 프로그램을 텍스트 형태의 컴퓨터 언어로 코드(예를 들면 C프로그램 코드)로 생성할 수 있다.

그림 1.1 블록 프로그램 구조

2011년 시작된 Blockly는 원래 App Inventor에서 OpenBlock을 대체하기 위해 설계되었으며, Blockly는 MIT의 App Inventor, Blockly Games, Code.org, RoboBlockly, Verge3D, Wonder Workshop, Microsoft MakeCode 등 여러 프로젝트에서 사용되고 있다.(출처: Wikipedia)

그림 1.2
구글 Blocky 기반 프로젝트

Blockly 작업환경은 정의된 명령어 블록들이 있는 팔레트 영역과 블록들을 이용하여 프로그래밍을 할 수 있는 작업 영역으로 구성되어 있다. Blockly 프로그래밍 방식은 팔레트에서 명령어 블록을 선택하여 작업 영역에 끌어다 놓고(drag), 원하는 동작을 할 수 있도록 끼워 맞춰서 프로그램을 구상한다. 이러한 방식은 프로그래밍 과정에서 텍스트 형태의 문법 문제를 피할 수 있게 하여 문제 해결을 위한 컴퓨터적 논리적 구조 구성에 집중할 수 있게 해준다.

한편 아두이노는 전자분야의 전문적인 지식이 없는 사람부터 관련 분야의 전문가들이 여러 가지 전자 제어장치를 쉽게 구현할 수 있도록 만들어져 있는 제작 도구이다. 그러나 Arduino가 C/C++기반의 프로그래밍 언어를 사용하고 있어서, 프로그래밍을 처음 접하는 사람들이 사용하기에는 쉽지 않다.

Ardublockly는 Google의 Blockly 프레임워크에 기초한 블록 기반 언어(block-based language)로 Arduino 사용을 쉽게 하기 위한 목적으로 개발된 것이다.

그림 1.3
Ardublockly

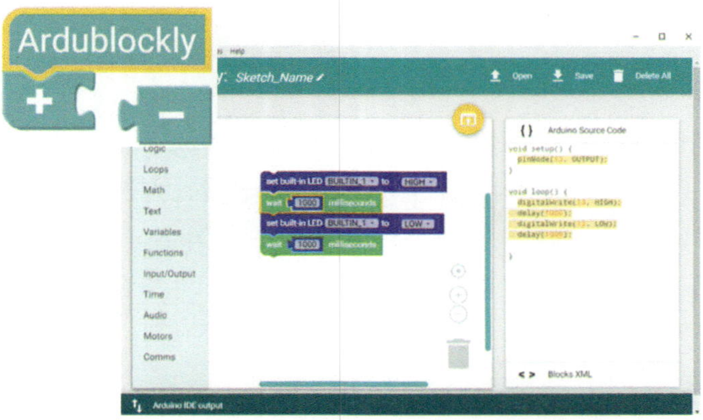

1.2 Ardublockly와 아두이노 스케치

아두이노 UNO 보드는 아두이노 개발환경(IDE)에서 그림 1.4와 같이 아두이노 프로그램인 스케치를 작성하는 방식으로 일반적인 C언어 프로그래밍보다는 쉽지만 프로그래밍을 문서형식으로 작성해야 한다. 그러므로 문서에 사용되는 명령어들의 규칙들을 정확하게 사용하지 않으면 오류가 발생하고 정상적으로 동작하지 않아 처음 프로그램을 배우는 사람들에게는 어려운 작업이다.

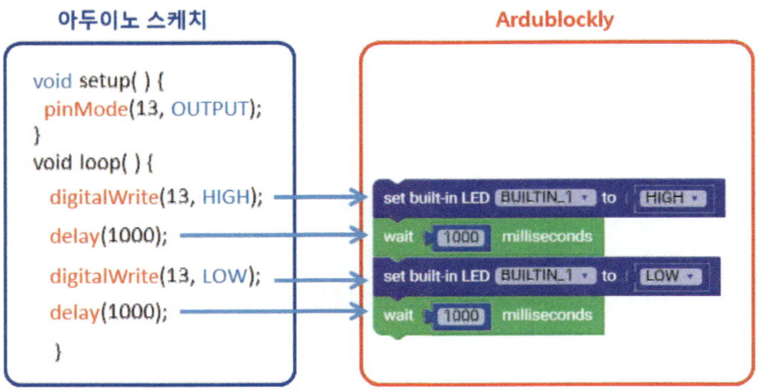

그림 1.4 아두이노 스케치와 Ardublockly 비교

Ardublockly는 아두이노 보드를 비주얼 블록(visual blocks)으로 프로그램을 작성하는 도구이다. 기존의 문장 형태의 프로그램 작성이 아니라 명령블록을 그래픽 적으로 조립하여 쉽게 제어 기능을 구현할 수 있다.

1.3 아두이노 보드

아두이노 보드들은 마이크로컨트롤러를 기반으로 사용전압, 메모리 구성, 입출력과 UART 수에 따라 회로를 구성하고, 공개된 부트로더를 설치하여 다양한 시리즈로 제작되어 사용되고 있다. 이들 가운데 현재 그림 1.5와 같은 Arduino/Genuino UNO가 일반적으로 사용된다.

그림 1.5
아두이노 UNO R3 보드

아두이노 UNO 보드의 핀과 기능을 살펴보면, 그림 1.6과 같이 디지털 핀이 #0~#13번까지 14개가 있으며, 디지털 신호의 입력과 출력이 가능하다. 또한 이 14개핀 들 중 #3, #5, #6, #9, #10, #11번 핀은 PWM 방식으로 0~255단계의 아날로그 출력이 가능하고, #0과 #1은 시리얼 통신을 위하여 각각 RX와 TX로 사용된다.

한편 아날로그 입력 핀은 A0~A5번은 0~5V 범위의 아날로 신호를 입력으로 받아들여 내부적으로 0~1023의 범위로 ADC(아날로그-디지털 변환)를 하여 처리된다. 이들 A0~A5의 핀은 디지털 출력으로 확장이 가능하다.

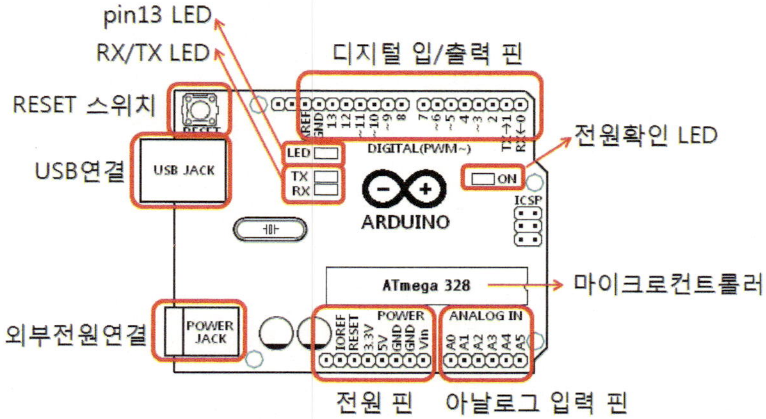

그림 1.6
아두이노 UNO R3보드의 구조

전원 핀은 아두이노 보드를 통하여 제어하고자 하는 장치에 3.3 V와 5 V 전원을 공급할 수 있게 해주며, RESET 스위치는 보드를 초기화할 수 있다. 또한 TX와 RX LED의 위쪽에 있는 LED는 디지털 입출력 핀 13번에 연결되어 있어서 보드의 동작 등을 점검하는데 유용하게 활용된다.

CHAPTER

02

Ardublockly 설치하기

Ardublockly 소프트웨어를 사용하기 위하여 컴퓨터에 설치하고 설정 방법을 설명한다. Ardublockly 실행에 기본적으로 사용되는 아두이노 개발환경(IDE)의 다운로드와 설치 방법을 설명하고, 아두이노 보드를 위한 환경 설정 방법을 설명한다. 또한 Ardublockly의 블록명령의 구성을 설명한다.

2.1 아두이노 개발환경(IDE) 설치

Ardublockly 소프트웨어는 기본적으로 Blockly라는 Google 인터페이스를 사용하여 개발되었고, 다양한 운영체제 장치에서 설치하여 사용할 수 있다.

Ardublockly로 아두이노 UNO 보드를 제어하기 위하여 아두이노 개발환경(IDE)을 사용한다. 그러므로 Ardublockly로 프로그램을 작성하기 위해 아두이노 개발환경(IDE)을 실행시킬 필요는 없지만 컴퓨터에 설치되어야 한다. Ardublockly 소프트웨어 내에서 작성된 프로그램은 아두이노 스케치로 자동 생성되어 실행되기 때문이다.

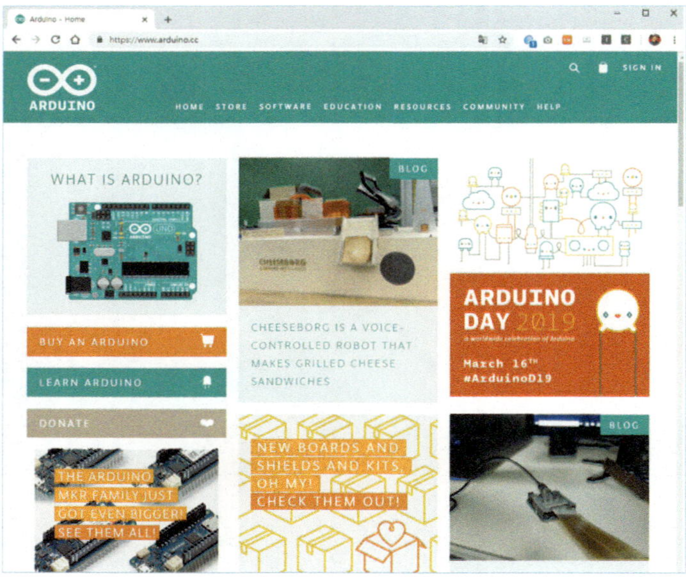

그림 2.1 아두이노 홈페이지 http://www.arduino.cc/

아두이노 개발환경(IDE)은 아두이노 웹 사이트인 www.arduino.cc에서 Windows나 Macintosh 등 운영체제에 따라 다운 받을 수 있다.

그림 2.2
설치용 압축파일 다운로드

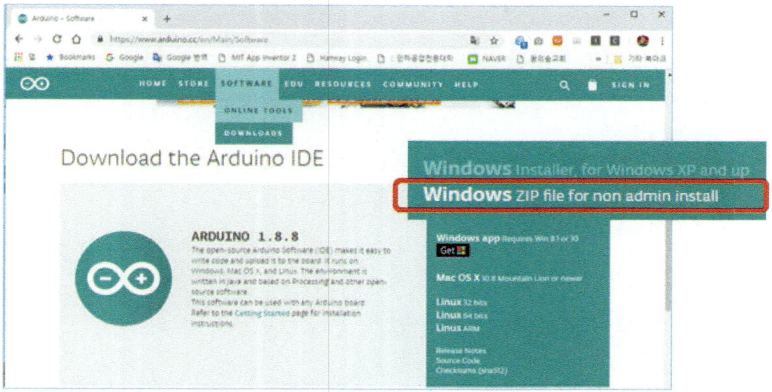

Windows용 다운로드 파일은 ZIP형태의 압축파일이므로 다운로드 후에 원하는 경로에 압축을 해제하도록 한다. 이때 한글이 포함되지 않은 경로에 압축을 해제한다.

압축을 해제한 후 생성되는 Arduino-x.x.x 폴더(여기서 x.x.x는 아두이노의 릴리스 번호)를 열어보면, 실행파일(Arduino.exe) 및 여러 개의 파일과 폴더가 있다.

그림 2.3
아두이노가 설치된 폴더와 실행 파일

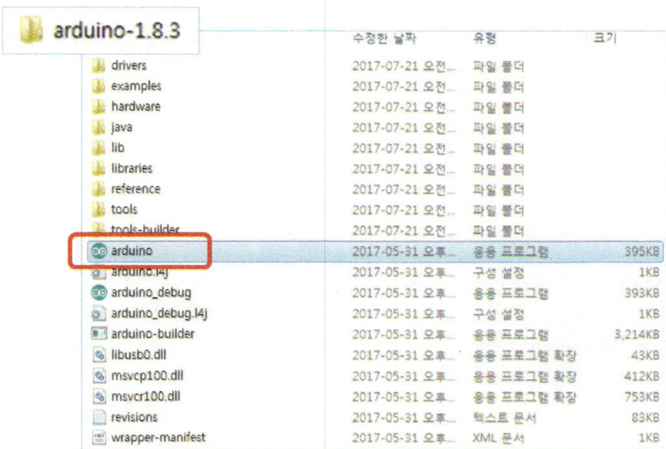

Arduino.exe 파일 을 실행한다. 그림 2.4와 같은 아두이노 개발환경(IDE)인 기본 프로그램 창이 나타나면 정상적으로 소프트웨어가 설치된 것이다.

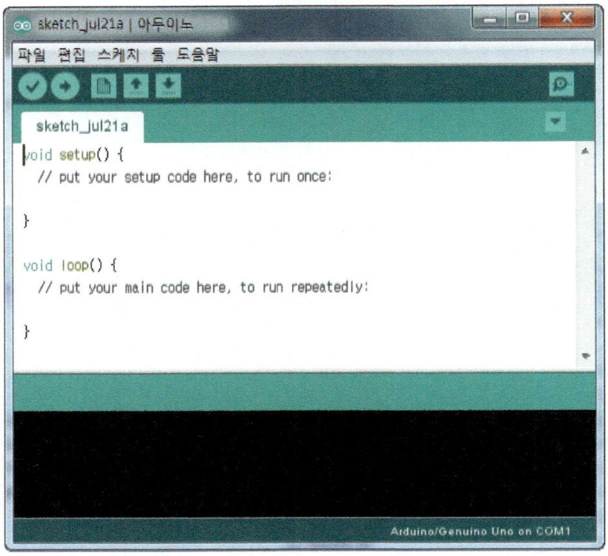

그림 2.4
아두이노 개발환경 실행

2.2 컴퓨터와 아두이노 보드의 USB 통신 설정

아두이노 UNO보드와 컴퓨터에 설치된 Arduino 개발환경(IDE)은 그림 2.5와 같이 컴퓨터의 USB 포트를 통해 서로 통신한다.

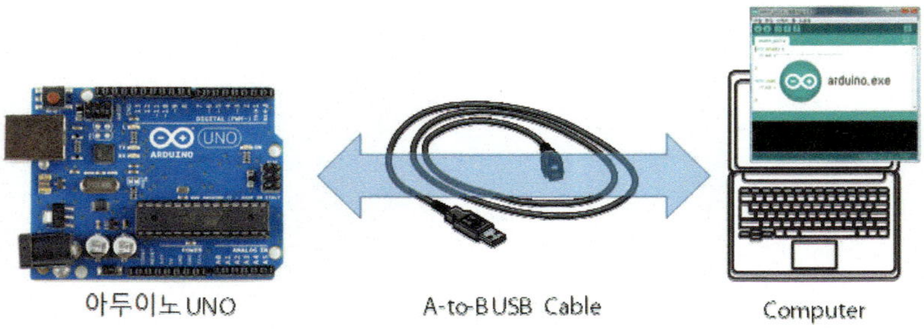

그림 2.5
USB 통신

Ardublockly나 아두이노를 사용하여 아두이노 보드에 프로그램을 업로드 하려면, 아두이노 보드가 아두이노 개발환경(IDE)에서 그림 2.6과 같이 보드와 통신 포트 설정이 올바르게 되어 있어야 한다.

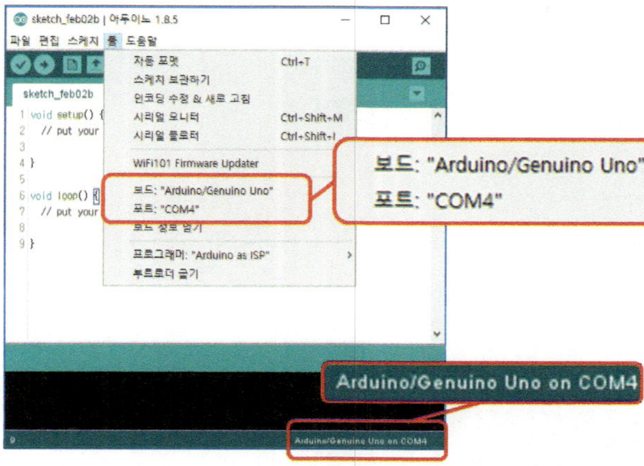

그림 2.6 보드와 통신포트 설정

먼저 사용하는 아두이노 보드가 UNO라면 아두이노 개발환경 메뉴의 [툴→보드]에서 그림 2.7과 같이 Arduino/Genuino Uno를 선택 한다.

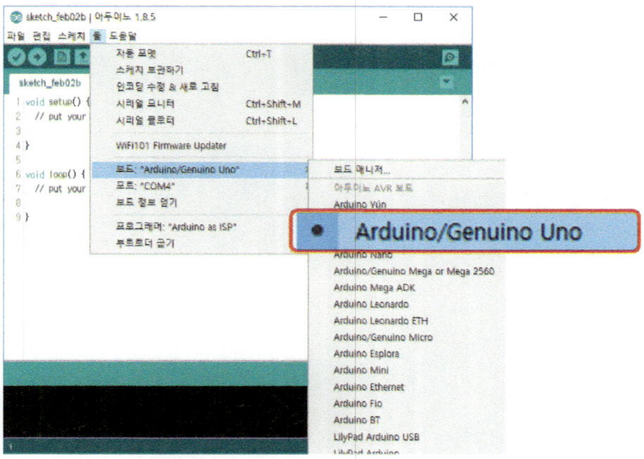

그림 2.7 UNO 보드 설정

다음으로 아두이노 UNO 보드가 Ardublockly나 아두이노 개발환경(IDE)과 통신을 위하여 컴퓨터의 USB 포트를 설정하여야 한다. 일반적으로는 아두이노 UNO 보드는 컴퓨터에 USB 케이블로 연결하면 자동으로 감지가 이루어진다. 그러나 자동감지가 되지 않을 경우 컴퓨터의 장치 관리지자에서 검색하여 디바이스 드라이버를 설치하여야 한다.

자동으로 감지가 이루진 경우에는 그림 2.8과 같이 나타난다. 그림의 경우에는 COM4로 나타났지만 사용하는 컴퓨터의 상황에 따라 다를 수 있다. 일반적으로 COM1과 COM2는 컴퓨터의 키보드나 마우스 등의 장치들이므로 다른 시리얼포트를 지정한다.

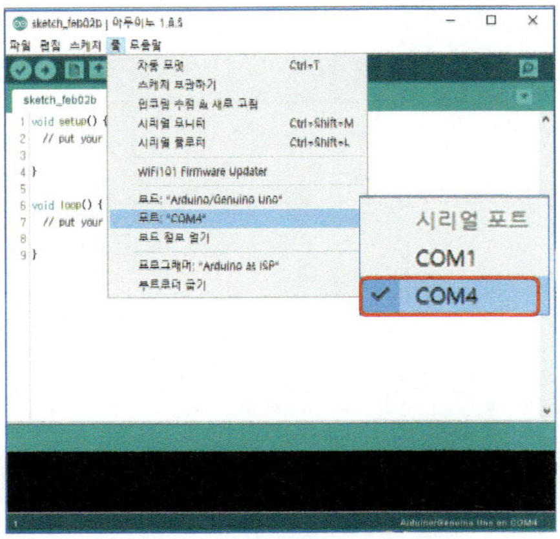

그림 2.8
통신포트 설정

자동으로 감지가 되지 않는 경우에는 그림 2.9와 같이 컴퓨터의 장치 관리지자에서 검색하여 디바이스 드라이버를 설치하여 주고 Ardublockly나 아두이노 개발환경(IDE)에서 포트를 설정한다.

그림 2.9
장치관리자에서 디바이스 드라이버 설치하기

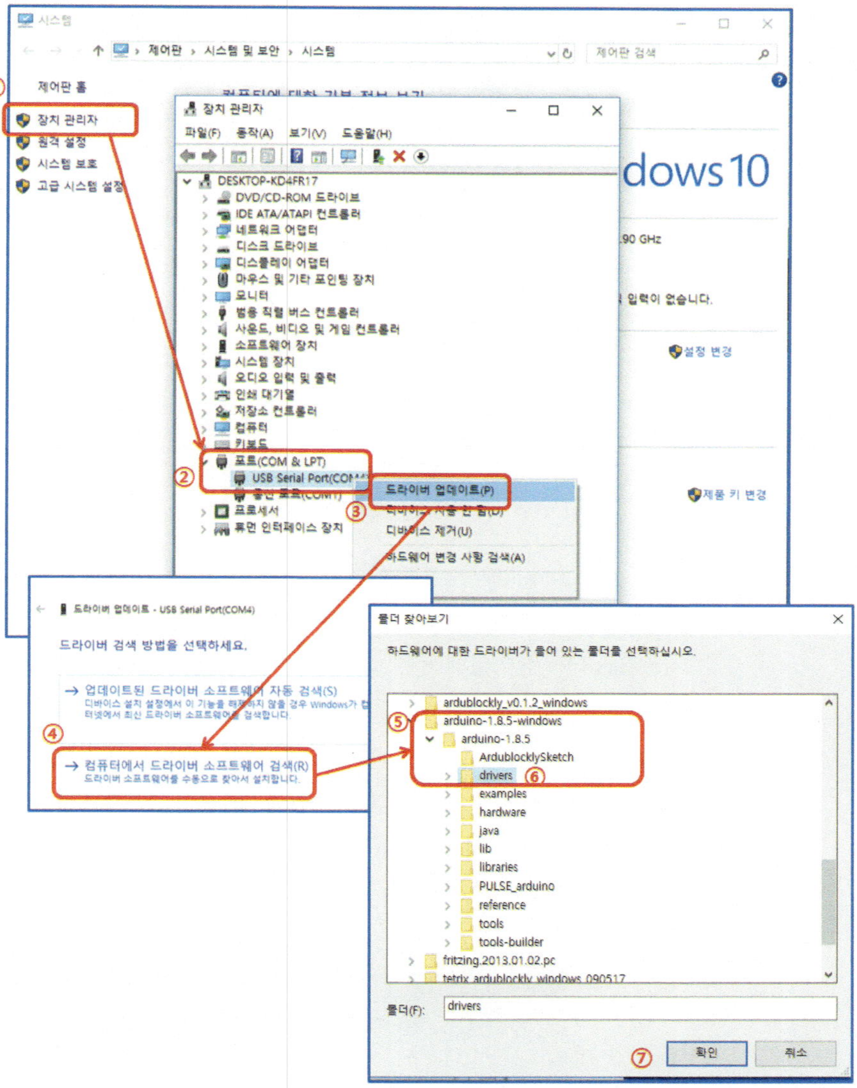

2.3 Ardublockly 소프트웨어 설치

Ardublockly는 아두이노 보드를 비쥬얼 블록(visual blocks) 기반으로 프로그램을 작성하는 도구이다. 기존의 문장 형태의 프로그램 작성이 아니라 명령블록을 그래픽 적으로 조립하여 쉽게 제어 기능을 구현할 수 있다.

그림 2.10
Ardublockly 검색

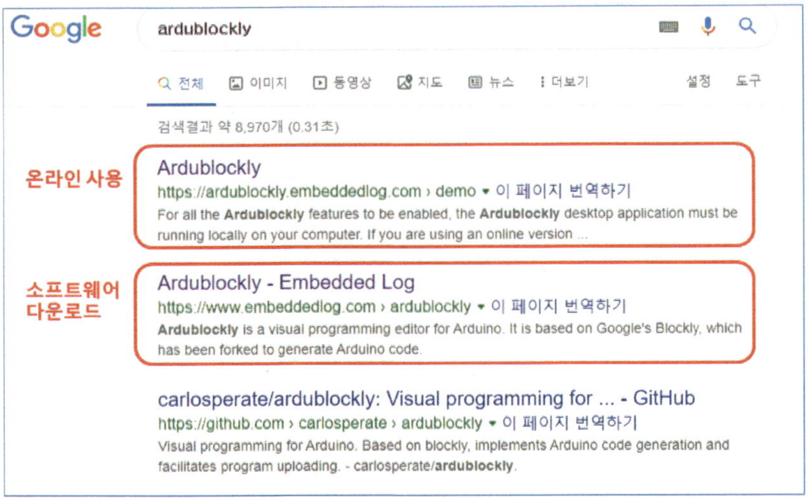

먼저 Ardublockly 소프트웨어는 크롬 브라우저에서 Ardublockly로 검색하면 그림 2.10과 같이 검색되는데, 인터넷에서 온라인 상태로 사용할 수도 있고, Ardublockly 소프트웨어를 다운로드 받아 컴퓨터에 설치하여 사용할 수도 있다.

안정적인 사용을 위하여 그림 2.11과 같이 웹 사이트에서 장치에 적합한 버전으로 Ardublockly 소프트웨어 압축파일을 다운로드 받는다. Window용 Ardublockly 압축파일인 ardublockly_v0.1.2_windows.zip을 다운로드 받는다.

그림 2.11
Ardublockly 다운로드

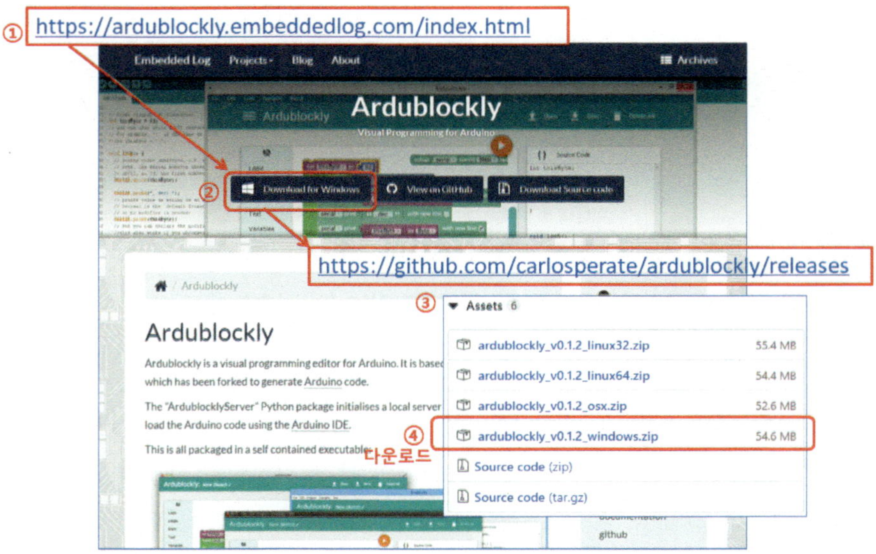

다음으로 다운받은 ardublockly_v0.1.2_windows.zip의 압축을 푼다. 이때 설치 폴더의 경로는 영문으로 되어 있는 것이 좋다.

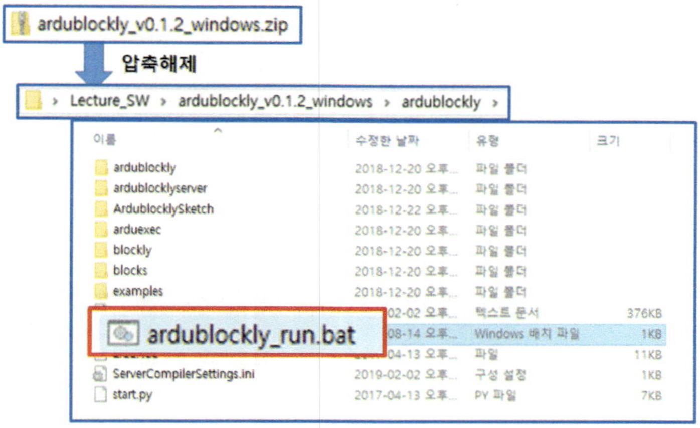

그림 2.12
Ardublockly 설치

그림 2.12과 같은 Ardublockly설치 폴더에서 ardublockly_run.bat를 실행 시킨다. Ardublockly가 실행되는 동안 그림 2.13과 같이 표시된다.

그림 2.13
Ardublockly 로고

Ardublockly가 실행되면 그림 2.14와 같은 창이 나타난다.

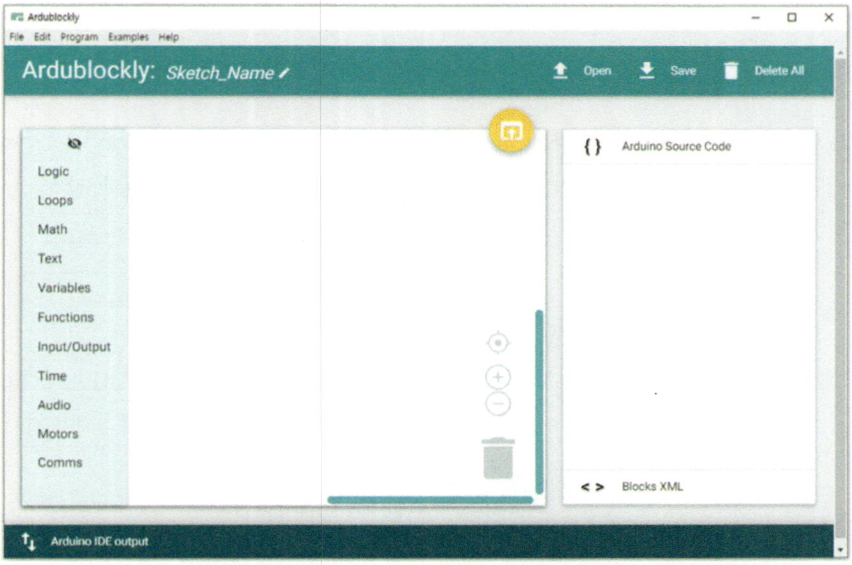

그림 2.14
Ardublockly 실행 창

2.4 Ardublockly 소프트웨어 환경 설정

Ardublockly 소프트웨어를 사용하려면 몇 가지 설정과정이 필요하다. Ardublockly의 위쪽 메뉴의 [Edit → Preferences]를 선택하면 Settings창이 나타난다. 이 Settings창에서 컴파일러, 아두이노 보드와 통신포트를 설정하여야 한다.

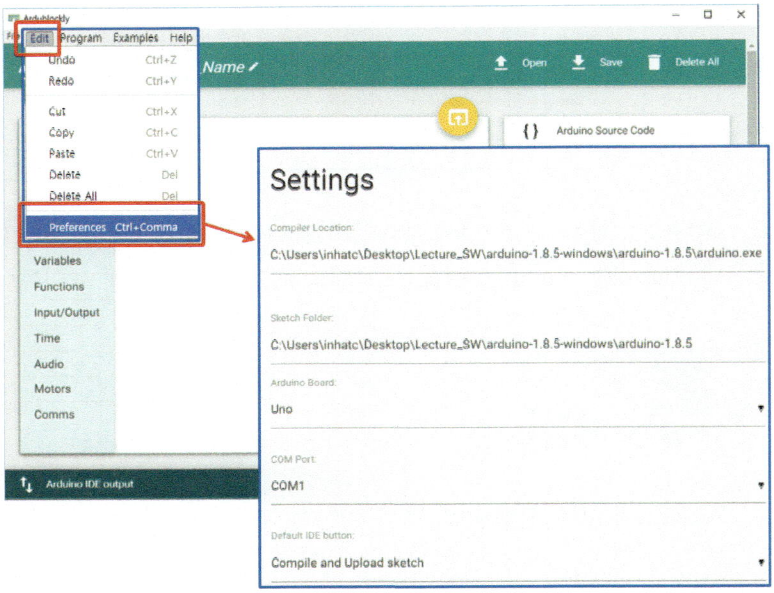

그림 2.15 Ardublockly 실행 설정

(1) Compiler Location:

먼저 Settings창에서 첫 번째 항목인 [Compiler Location:]은 앞에서 설치한 아두이노 개발환경(IDE)가 설치된 폴더를 찾아 그림 2.16과 같이 Arduino 실행파일을 선택한다.

(2) Sketch Folder:

Settings창에서 두 번째 항목인 [Sketch Folder:]는 Ardublockly을 컴파일하며 생성되는 아두이노 스케치를 저장할 폴더를 지정한다. 사용자가 사용하기 편리한 폴더를 지정하여 저장할 수 있다.

그림 2.16
Ardublockly
컴파일 경로 지정

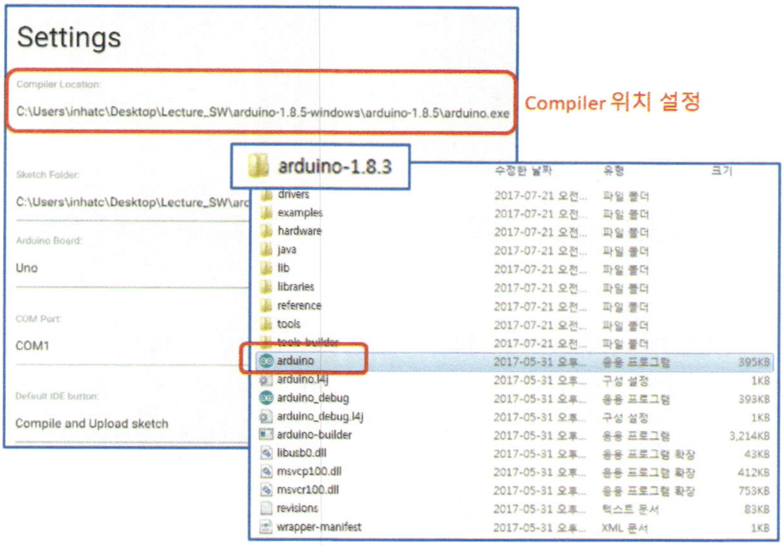

(3) Arduino Board:

Settings창에서 세 번째 항목인 [Arduino Board:]는 사용할 아두이노 보드를 지정한다. UNO를 선택한다.

(4) COM Port:

Settings창에서 네 번째 항목인 [COM Port:]는 앞의 2.2절에서 아두이노 개발환경(IDE)에서 설정된 통신포트를 동일하게 선택한다. 즉 그림 2.17에서 ⓐ처럼 COM4라면 그림 2.17의 ⓑ와 같이 지정한다.

그림 2.17
통신포트 지정

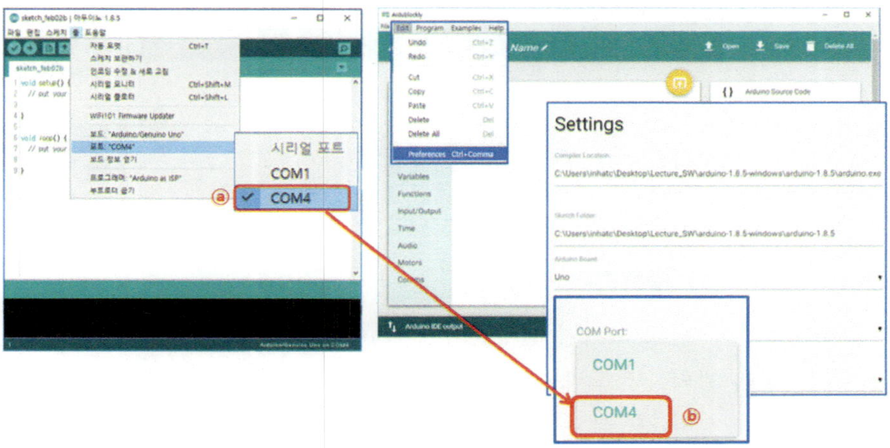

이 Settings가 완료되면 아두이노 UNO 보드에 Ardublockly 소프트웨어로 프로그램 작성을 할 수 있다.

2.5 Ardublockly 소개

Ardublockly 소프트웨어를 실행시키면 그림 2.18과 같은 비주얼 블록(visual blocks) 프로그램 작성 창이 나타난다. Ardublockly 실행창은 그림 2.17과 같이 블록명령 팔레트, 블록 프로그램 작성창과 아두이노 스케치창의 3부분으로 나누어진다.

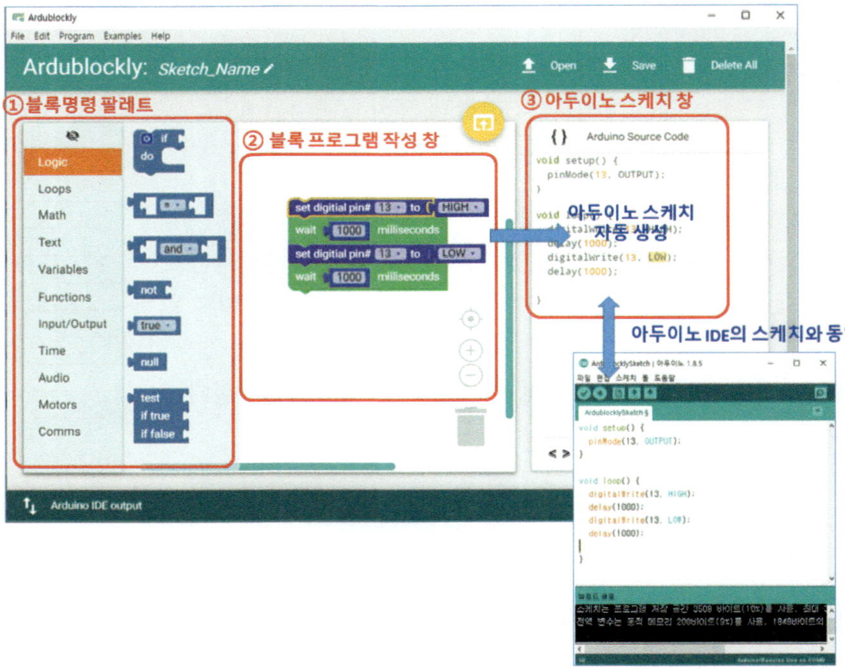

그림 2.18 Ardublockly 실행창의 구성

(1) 블록명령 팔레트

그림 2.18처럼 실행창의 맨 왼쪽에는 도구 팔레트가 있다. 이 도구 팔레트는 클릭하면 그래픽으로 프로그램을 작성할 수 있는 블록명령들이 나타난다. 실행창의 가운데 부분은 블록 프로그램 작성을 위한 창으로 이곳에 명령블록을 배치하여 프로그램을 만들게 된다.

(2) 실행 버튼

프로그래밍 공간의 오른쪽 위쪽에는 그림 2.19와 같이 3개의 버튼이 있다.

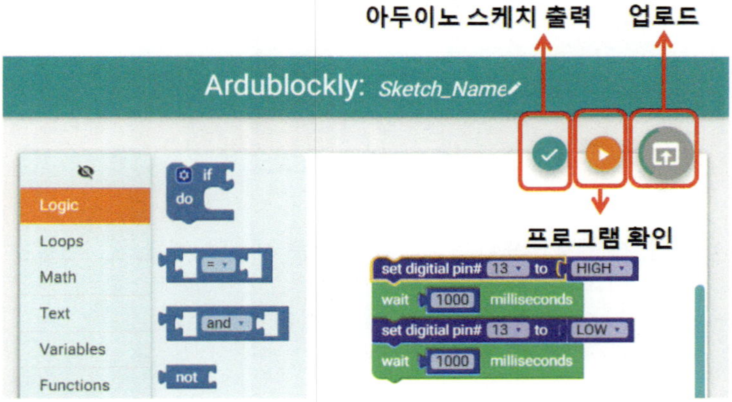

그림 2.19
Ardublockly
실행 버튼

왼쪽 버튼은 아두이노 개발환경(IDE)에서 스케치를 열어 작성된 블록명령어로 작성된 프로그램을 보여준다. 이 아두이노 개발환경(IDE)에서 C언어로 된 코드를 편집하거나 실행시킬 수 있다.

가운데 버튼은 블록명령으로 작성된 프로그램의 오류를 확인 할 수 있다. 이 버튼을 클릭하면 블록명령으로 구성된 Blockly 프로그램을 내부적으로 아두이노 스케치로 변환하고 컴파일하여 오류 발생 유무를 확인한다.

오른쪽 버튼은 업로드 기능을 수행한다. 이 버튼을 클릭하면 프로그램 확인 기능을 수행한 후 아두이노 보드로 실행파일을 업로드 한다.

(3) 블록명령 삭제

프로그래밍 공간의 오른쪽 하단에는 블록명령을 삭제할 수 있는 휴지통 이 있으며, 플러스 및 마이너스 기호를 사용하여 프로그래밍 공간을 확대 및 축소 할 수 있다.

(4) 프로그램 관리 메뉴

실행창의 가장 위부분에는 그림 2.20과 같이 일반적인 프로그램들처럼 저장, 다른이름저장, 실행취소, 복사, 삭제, 환경설정 등을 위한 메뉴들이 있다.

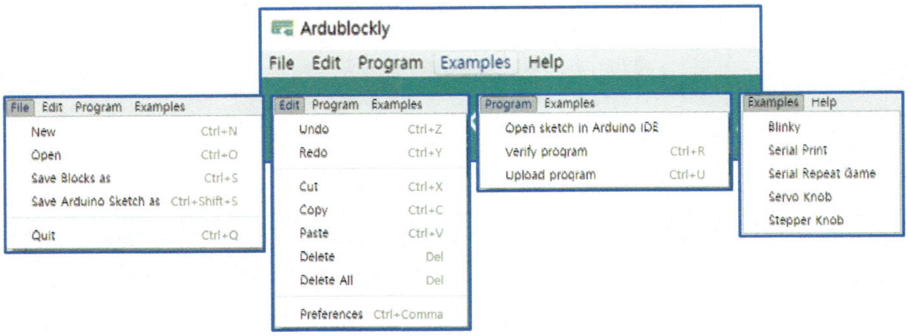

그림 2.20 Ardublockly 메뉴

메뉴의 가장 오른쪽에는 Ardublockly를 사용한 예제들을 실행할 수 있도록 되어 있다.

2.6 Ardublockly 블록 명령 소개

그림 2.21
Ardublockly
블록명령

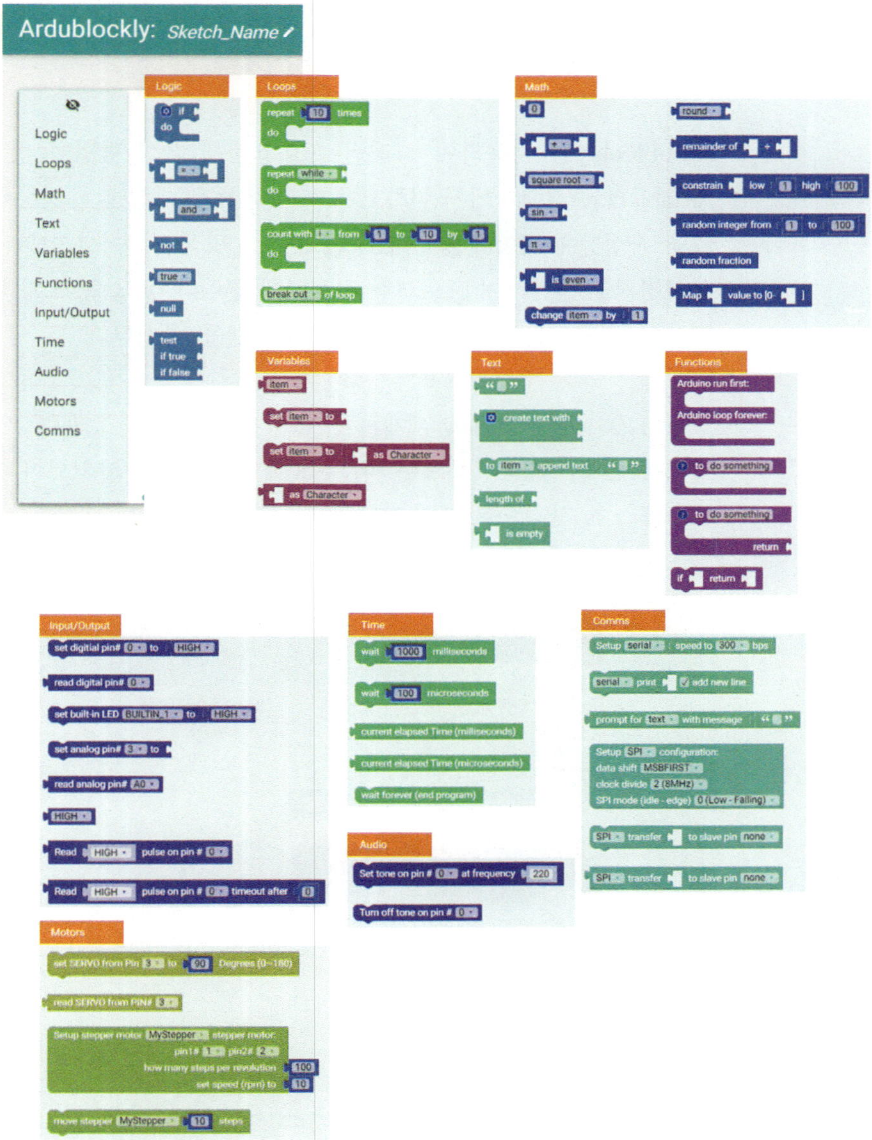

2.7 Ardublockly 블록 프로그램 작성

Ardublockly는 그래픽 프로그래밍 방식을 사용한다. 각 블록명령은 C언어 문법의 텍스트 형태의 코드와 대응한다.

Ardublockly를 사용하여 그래픽 프로그램을 작성 방법을 살펴보자.
Ardublockly 실행창에 구현하고자 하는 기능을 가진 블록명령을 선택하여 프로그램 작성창에 끌어다 놓는다(Drag & Drop방식). 이어서 이루어질 기능을 다시 블록명령을 선택하여 프로그램 작성창에 끌어다 놓고 앞에 가져다 놓은 블록명령어와 결합하는 방식으로 전체 프로그램을 구성한다.

그림 2.22와 같은 Blinkly 예제를 만드는 것을 통하여 그래픽 프로그래밍 방식을 설명해 보자. Blinkly 예제는 아두이노 UNO 보드에 설치되어 있는(BUILTIN_1) LED를 1초 간격으로 ON/OFF시키는 예제이다.

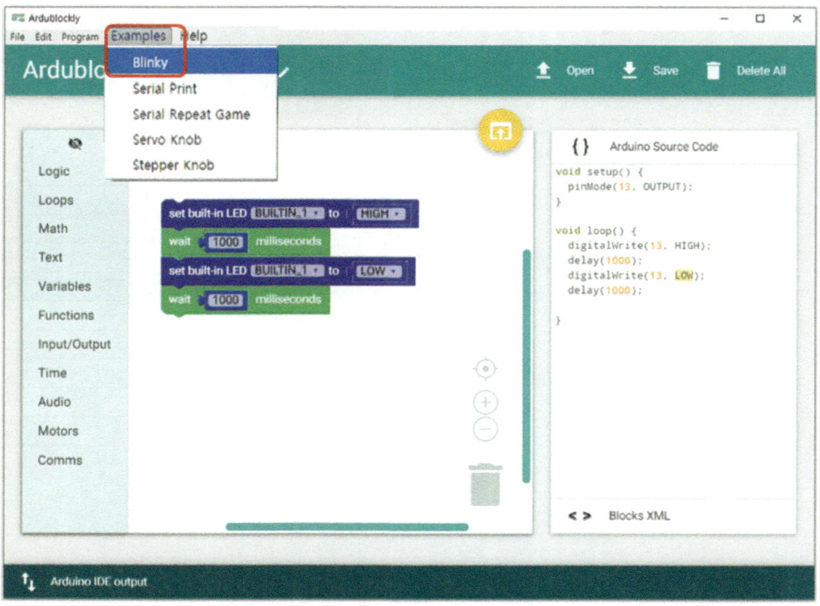

그림 2.22
Blinkly 예제

UNO 보드에 설치되어 있는(BUILTIN_1) LED는 아두이노 보드 디지털 핀 #13번에 연결되어 있어서 그림 2.23과 같다.

그림 2.23
아두이노 디지털 핀 #13의 LED ON/OFF

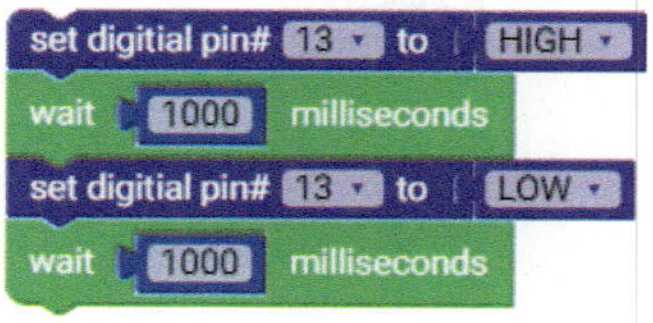

(1) Ardublockly의 왼쪽 Input/Output 에서 set digitial pin# 0 to HIGH 를 그림 2.24와 같이 선택한다. set digitial pin# 0 to HIGH 는 디지털 핀 0번으로 HIGH 신호를 출력하는 명령블록이며, 그림 2.25와 같이 출력핀을 변경할 수 있다. 또한 HIGH 의 값은 그림 2.26과 같이 선택을 변경하여 LOW 로 변경할 수 있다.

그림 2.24
디지털 출력 명령블록 선택

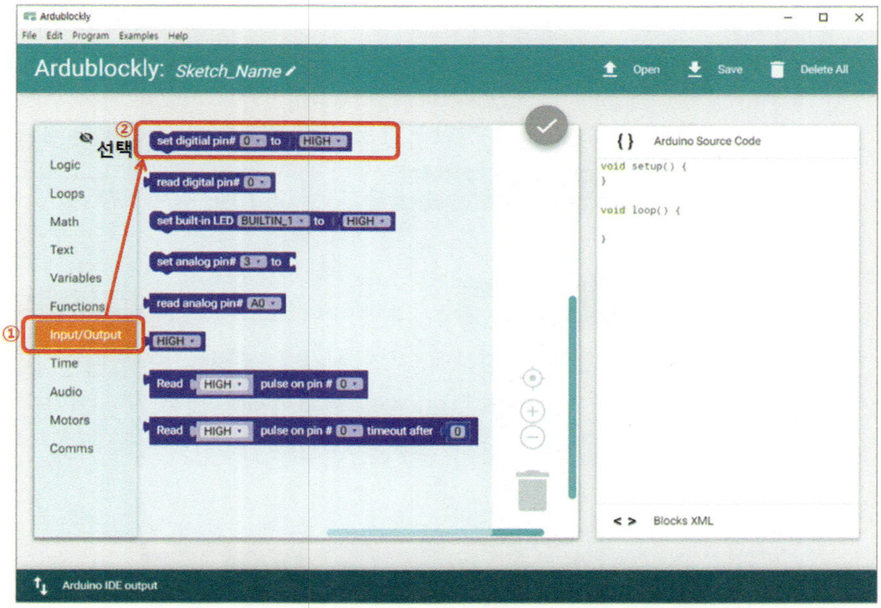

그림 2.25
디지털 출력핀 선택

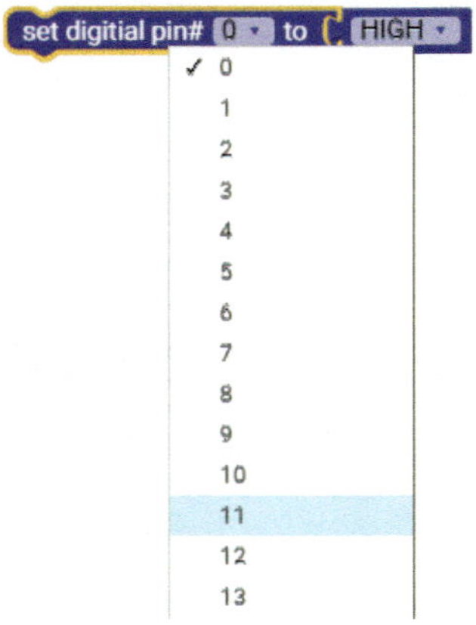

그림 2.26
디지털 출력 출력값 변경

(2) 다음으로 1초간 시간지연을 주기 위하여 Ardublockly의 왼쪽  에서  를 그림 2.27과 같이 선택한다.

 는 1000msec(1초)의 시간을 지연하는 명령블록이며,  의 값을 변경하여 지연 시간을 조정할 수 있다. 시간지연을 사용하는 것은 아두이노의 명령처리 속도 빠르기 때문에 일정 시간 동안 LED가 ON 상태를 유지하여야 사람이 눈으로 인식할 수 있기 때문이다.

그림 2.27
시간 지연 선택

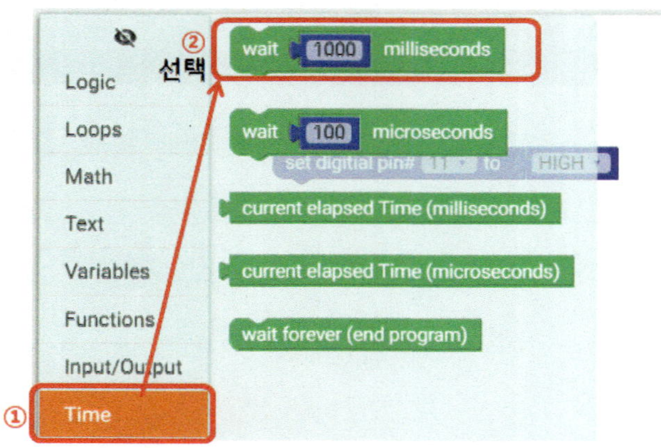

(3) 블록 명령의 결합

그림 2.23에서 만든 과 시간지연 의 명령 블록은 그림 2.28과 같이 결합하여 블록 프로그램이 만들어진다.

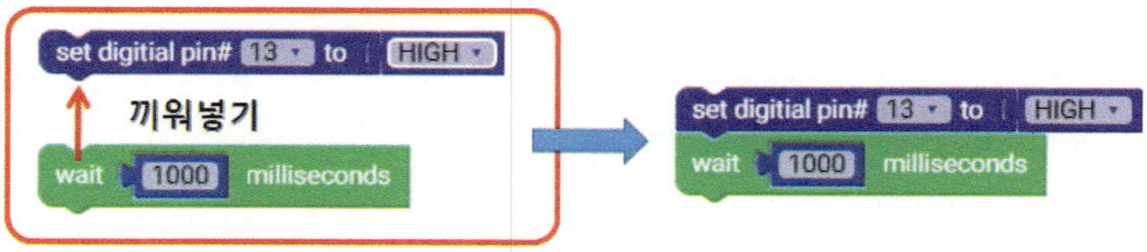

그림 2.28
블록 명령의 결합

(5) 완성된 블록 프로그램

그림 2.29
완성된 블록 프로그램

(6) 업로드와 실행

프로그램 작업창에 완성된 블록명령으로 구성된 프로그램을 작업창 오른 쪽 위에 있는 을 클릭하여 컴파일과 업로드를 실행한다. 가 클릭되면 그림 2.30과 같이 작업창 오른쪽에 아두이노 스케치가 만들어진다.

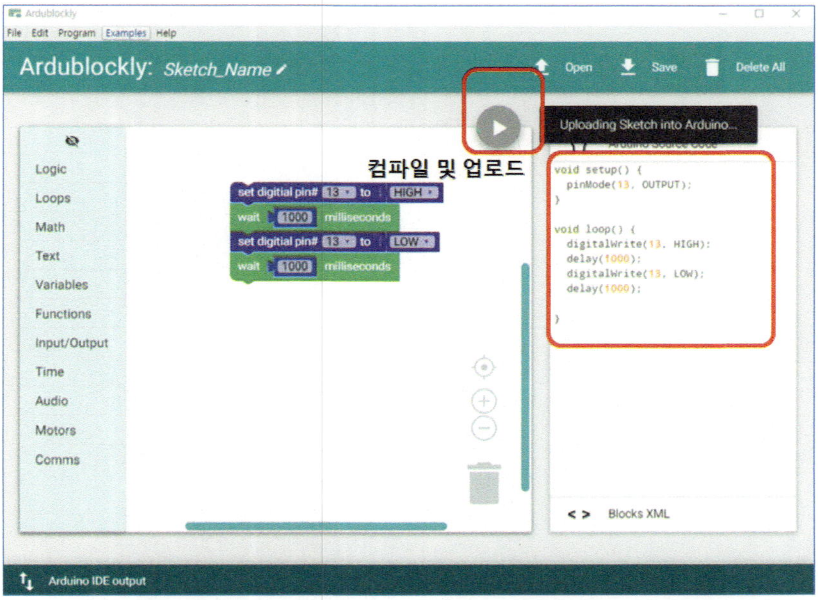

그림 2.30
업로드와 실행

CHAPTER

03

LED 제어하기

Ardublockly를 사용하여 블록 프로그램을 비쥬얼 블록 프로그래밍 방식으로 작성하고 아두이노 UNO 보드에 업로드하고 실행 시키는 방법을 설명한다. 블록 프로그램 작성을 위한 첫 단계로 LED에 불을 켜고 끄는 원리를 설명하고, 확장하여 활용하는 방법을 실습한다.

3.1 Blinky 예제 활용

아두이노 UNO 보드의 LED가 깜박이는 간단한 프로그램을 만들어 보자. 2장에서 설명한 컴퓨터와 아두이노 UNO 보드를 연결하기 위한 설정들이 먼저 이루어져 있다면, 컴퓨터에서 Ardublockly를 실행시킨다.

Ardublockly에서 예제로 제공된 Blinky를 사용하여 LED의 불을 켜고 끄는 제어를 실습해 보자. 동작을 확인하기 위하여 그림 3.1과 같이 UNO 보드의 디지털 핀 13번에 LED를 연결한다.

그림 3.1
UNO 보드에 LED 연결

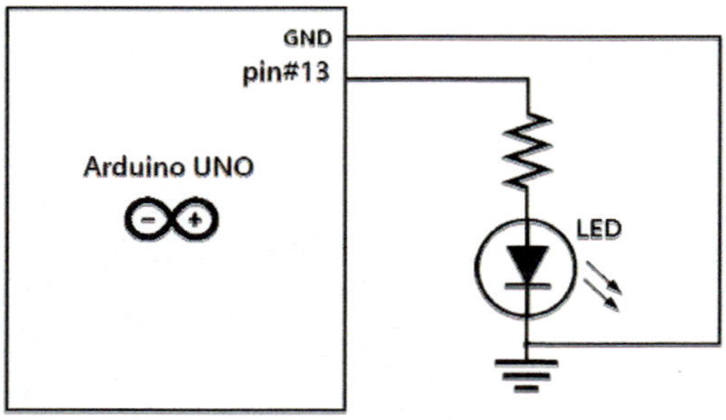

그림 3.2과 같이 Ardublockly 소프트웨어의 위쪽 메뉴에서 [Examples → Blinky]를 선택하여 예제를 연다.

그림 3.2
예제 Blinky

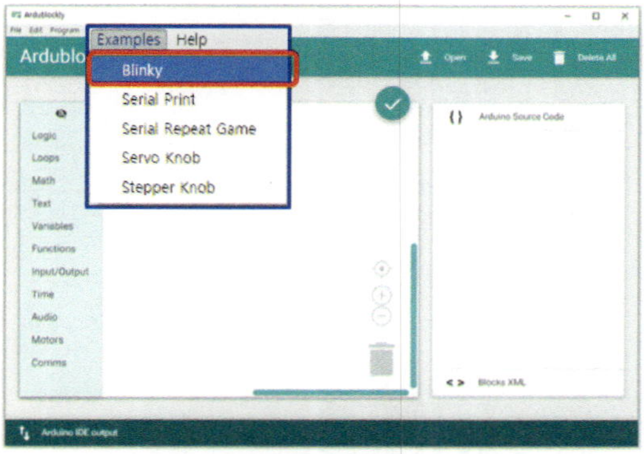

예제를 선택하면, 그림 3.3과 같이 명령블록으로 된 그래픽 프로그램과 아두이노 소스 코드창이 열린다.

그림 3.3
Blinky 예제

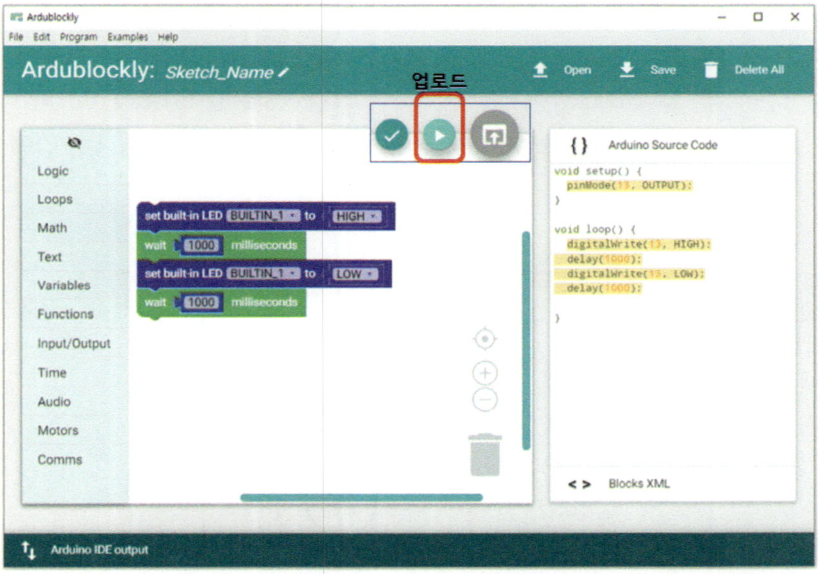

그림 3.3의 업로드 버튼 ▶를 클릭하면 아두이노 보드로 오른 쪽 창의 아두이노 소스 코드가 업로드 되며, 업로드가 완료되면 UNO 보드의 LED가 1초 간격으로 ON/OFF된다.

1장에서 설명한 것처럼 아두이노 UNO보드는 그림 3.4와 같이 pin#0~pin#13의 14개와 A0~A5의 6개 핀을 이용하여 디지털 입출력이 가능하다. 이들 핀을 사용하여 디지털 신호 HIGH와 LOW를 출력 시켜보자.

그림 3.4 아두이노 UNO보드의 디지털 핀과 아날로그 입력핀

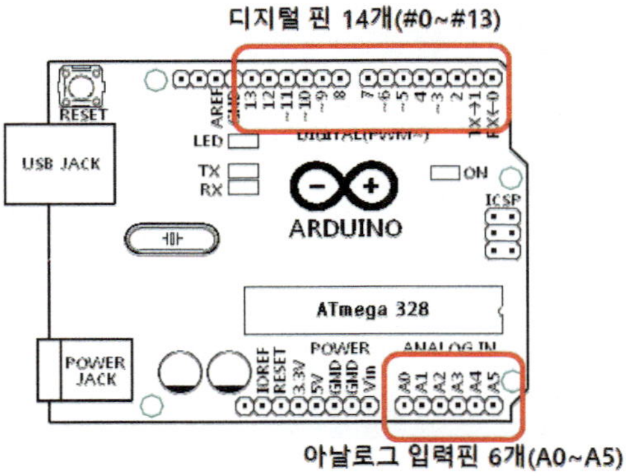

3.2 Ardublockly로 LED를 ON/OFF 하기

앞 절의 Blinky 예제를 참고하여 그림 3.5와 같이 UNO 보드의 디지털 핀 11번에 LED를 연결하고, Ardublockly으로 Blinky예제와 같이 1초 간격으로 ON/OFF하는 예제를 만들어 보자.

그림 3.5 UNO 보드 디지털 핀 11번에 LED 연결

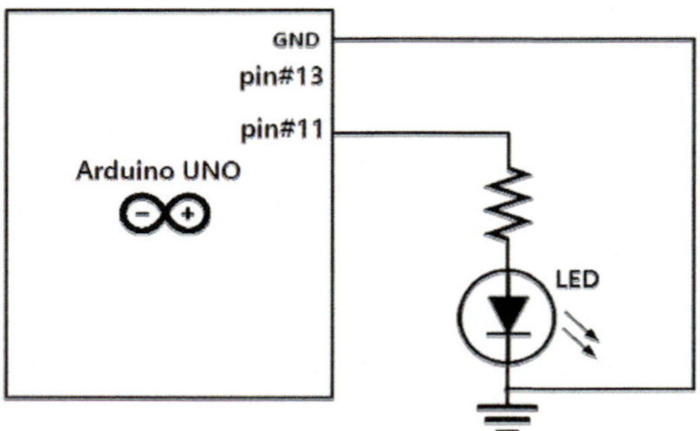

Ardublockly의 왼쪽 Input/Output 에서 set digitial pin# 0 to HIGH 를 그림 3.6과 같이 선택한다. set digitial pin# 0 to HIGH 는 디지털 핀 0번으로 HIGH신호를 출력하는 명령블록이며, 그림 3.7과 같이 출력핀을 변경할 수 있다. 또한 HIGH 의 값은 그림 3.8과 같이 선택을 변경하여 LOW 로 변경할 수 있다. set digitial pin# 11 to HIGH 는 디지털 핀 11번으로 HIGH신호(5V)를 출력하여 그림 3.5의 아두이노 UNO보드 pin#11에 연결된 LED를 켜게(LED ON) 되고,

는 디지털 핀 11번으로 LOW신호(0V)를 출력하여 그림 3.5의 아두이노 UNO보드 pin#11에 연결된 LED를 끄게(LED OFF) 된다.

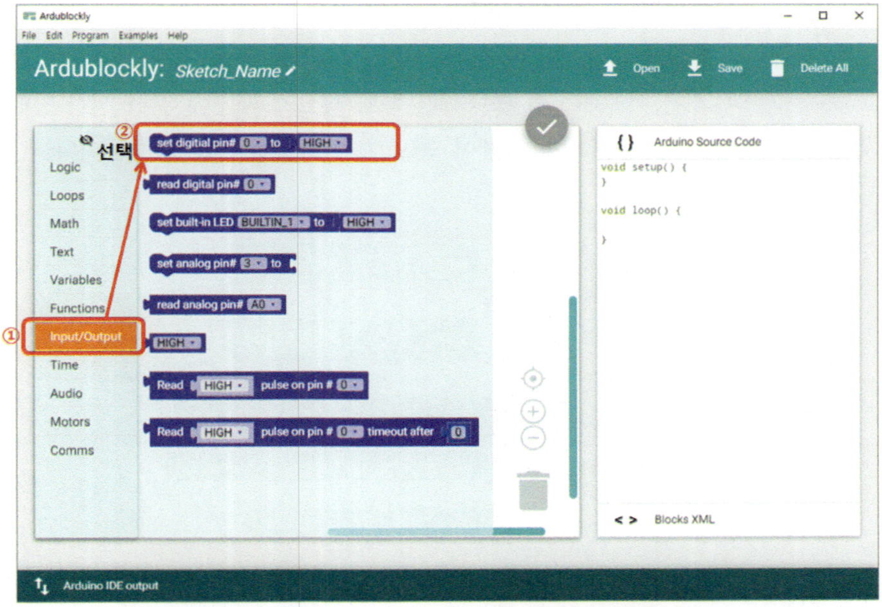

그림 3.6
디지털 출력 명령블록 선택

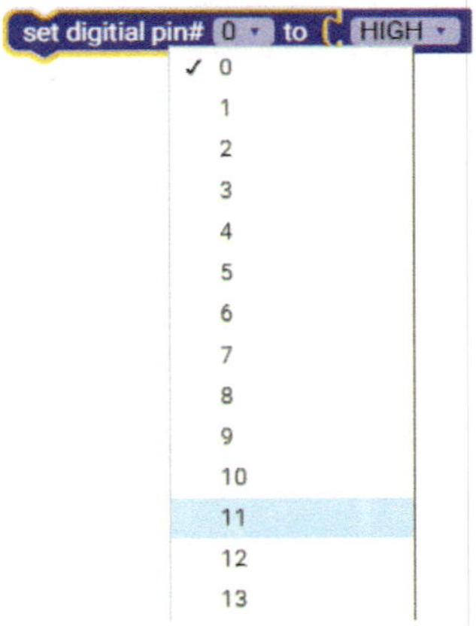

그림 3.7
디지털 핀 #11 선택

그림 3.8
디지털 출력값 변경

다음으로 Blinky예제에서처럼 1초간 시간지연을 주기 위하여 Ardublockly의 왼쪽 Time 에서 wait 1000 milliseconds 를 그림 3.9와 같이 선택한다. wait 1000 milliseconds 는 1000msec(1초)의 시간을 지연하는 명령블록이며, 1000 의 값을 변경하여 지연 시간을 조정할 수 있다. 시간지연을 사용하는 것은 아두이노의 명령처리 속도 빠르기 때문에 일정 시간 동안 LED가 ON 상태를 유지하여야 사람이 눈으로 인식할 수 있기 때문이다.

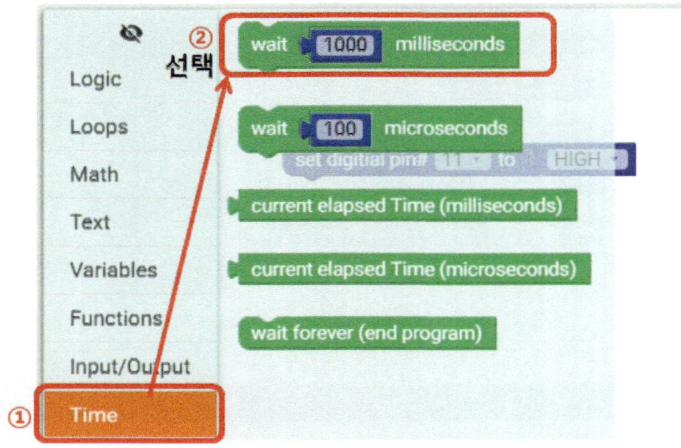

그림 3.9
시간 지연 선택

Blinky 예제에서 변형된 완성된 블록 프로그램은 그림 3.10과 같다.

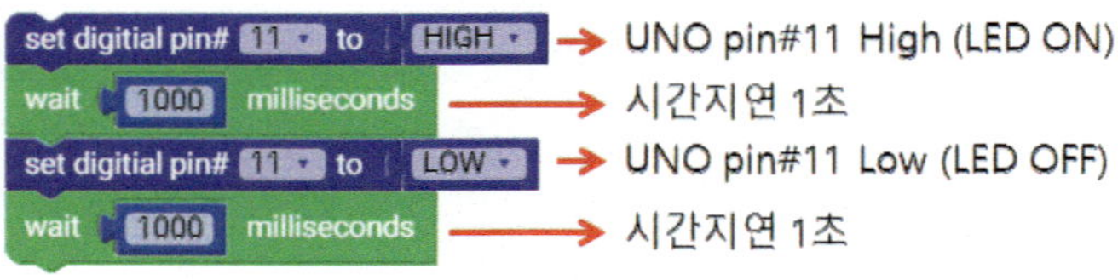

그림 3.10
완성된 LED ON/OFF 블록 프로그램

한편 블록 프로그램 창 오른 쪽에 그림 3.11과 같이 Arduino Source Code창에 블록 프로그램에 해당하는 아두이노 스케치가 동시에 생성된다.

그림 3.11
Ardublockly와 아두이노 코드

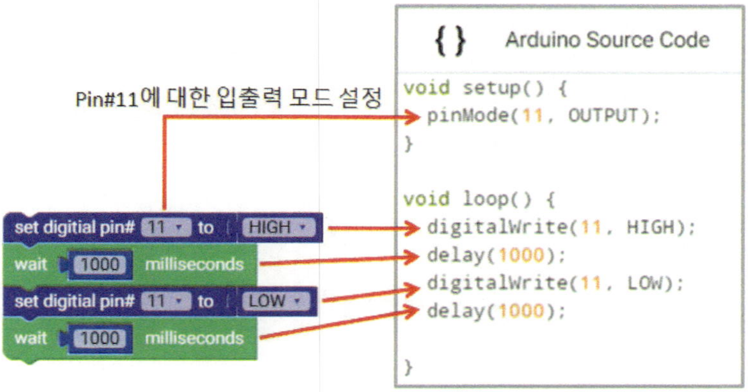

아두이노 스케치는 setup( )함수와 loop( )함수로 구성되는데, loop( )함수는 아두이노 보드에서 실행될 프로그램이 작성되고, setup( )함수에서는 아두이노 디지털 핀의 입출력 모드 설정 등과 같이 loop( )함수에서 필요한 설정이 이루어진다.

3.3 변수와 함수 사용하기

앞의 3.2절 예제는  부분에서 HIGH 가 LOW 로 바뀌며 반복된다. 반복되는 부분을 변수를 사용하여 함수로 만들어 사용하여 보자. 먼저, Variables 에서 그림 3.12와 같이 item 를 선택하고, 변수이름을 k로 만들기 위하여 그림 3.13과 같이 Rename variable... 을 선택하여 item를 k로 변경한다.

그림 3.12
변수 선택

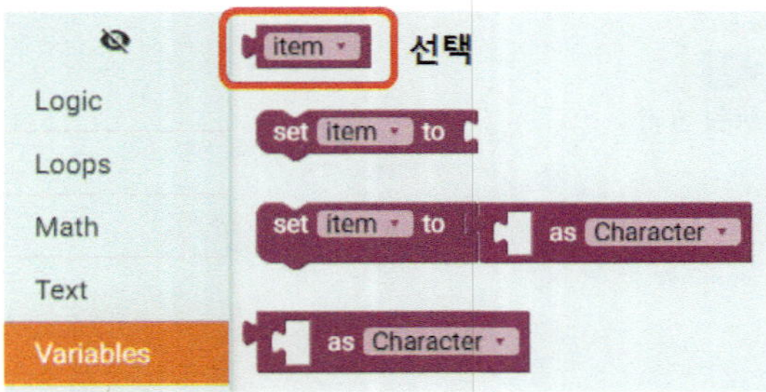

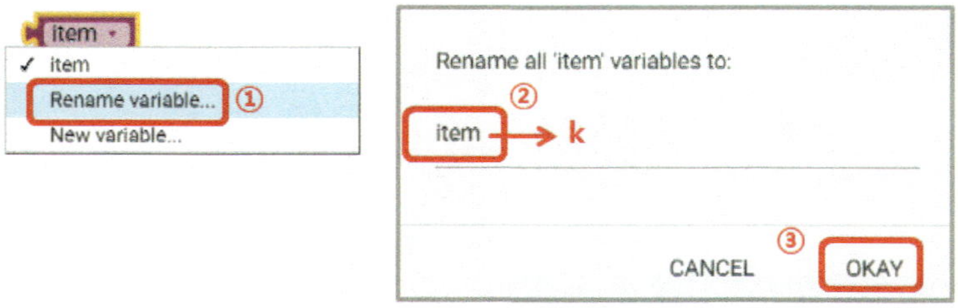

그림 3.13
변수 이름 변경

반복되는 `set digitial pin# 11 to HIGH` `wait 1000 milliseconds` 에서 `HIGH`를 제거하고 `k`로 그림 3.14와 같이 변경한다.

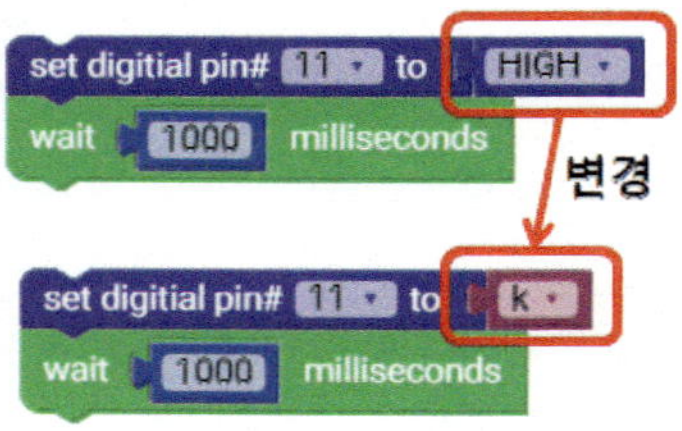

그림 3.14
변수 이름 변경

`k`의 값은 `Variables`에서 그림 3.15와 같이 `set item to`를 선택하여 그림 3.16과 같이 `set k to`로 변경하고 `1`를 사용하여 값을 설정한다.

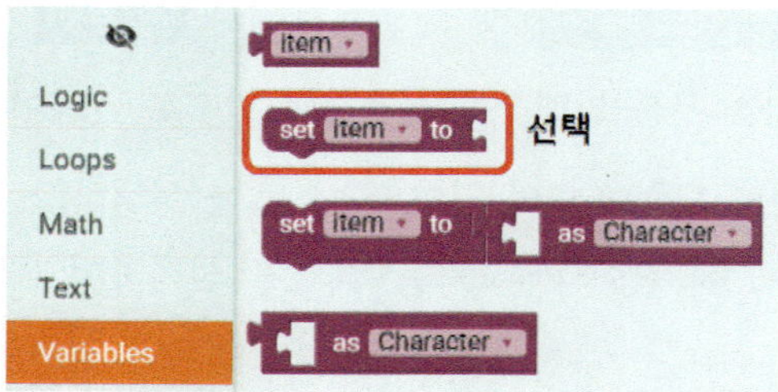

그림 3.15
변수 생성

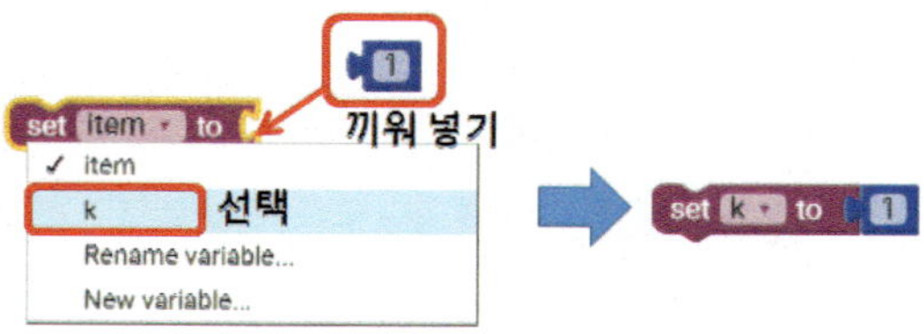

그림 3.16
변수의 값 설정

1은 Math에서 그림 3.17과 같이 숫자 값 0를 선택하여 1로 변경하여 사용한다. 사용되는 값은 디지털 값이므로 0과 1만 설정할 수 있다.

그림 3.17
변수 값 선택

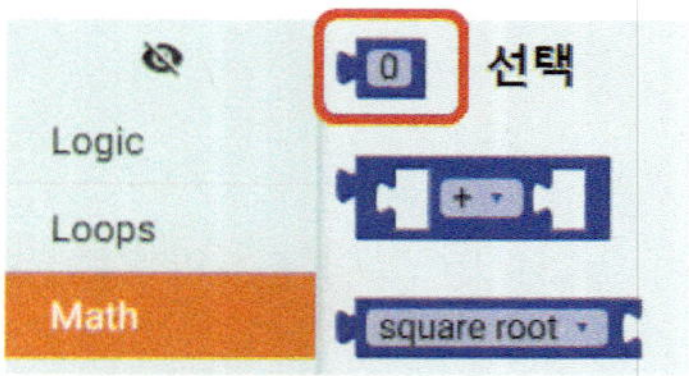

다음으로 변수로 만들어진 반복되는  를 함수로 만들어 보자. Functions에서 그림 3.18과 같이 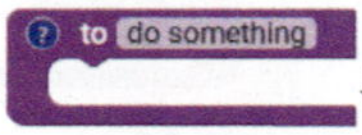를 선택하고, 함수 이름을 LED_ONOFF로 만들기 위하여 그림 3.19와 같이 do something을 선택하여 do something를 LED_ONOFF로 변경한다.

그림 3.18
함수 선택

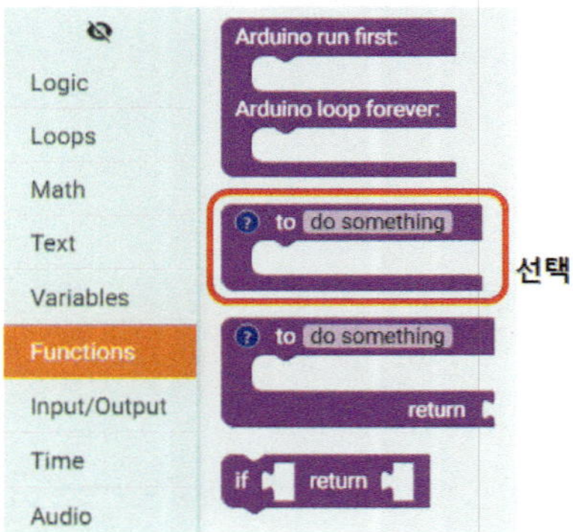

그림 3.19
함수 이름 변경

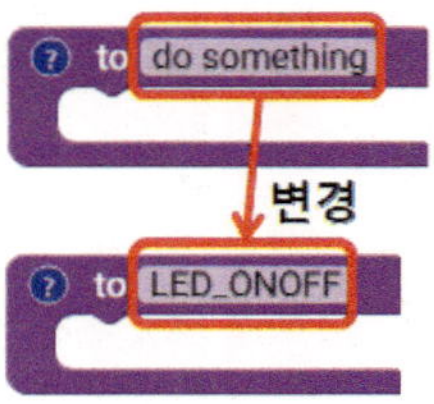

에  를 끼워 넣어 그림 3.20과 같이 LED_ONOFF함수를 완성한다.

그림 3.20
함수 만들기

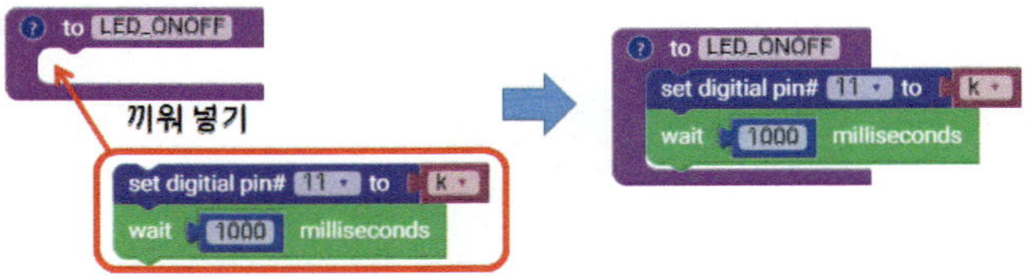

다시 Functions 를 선택하여 열어보면 그림 3.21과 같이 함수 LED_ONOFF 가 생성되어 있다.

그림 3.21
LED_ONOFF
함수 생성

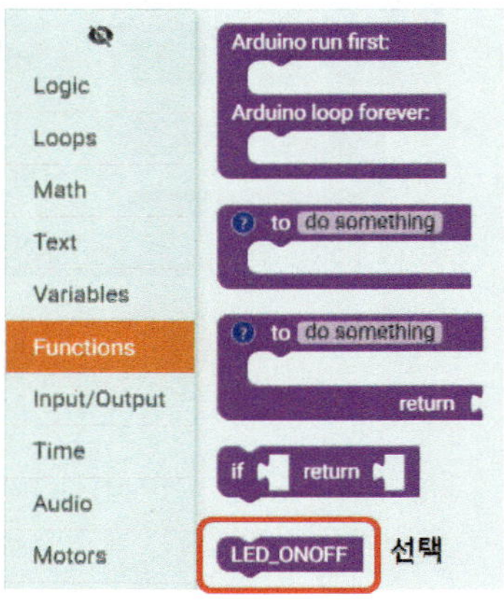

생성된 LED_ONOFF 를 활용하여 디지털 핀 11번에 연결된 LED를 ON/OFF하는 블록 프로그램을 완성하면 그림 3.22와 같다.

그림 3.22
변수와 함수를
이용한 LED
ON/OFF

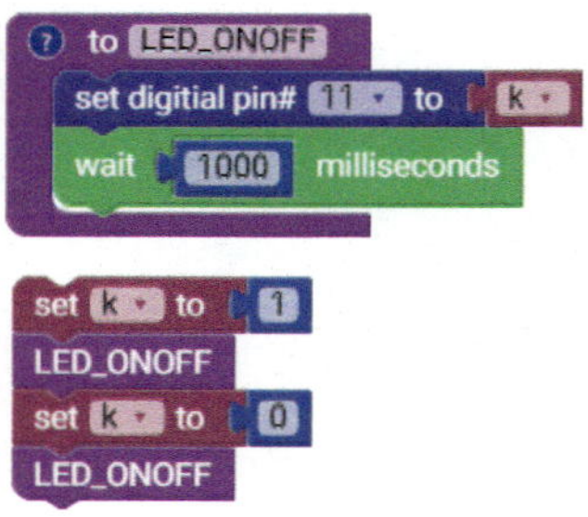

프로그램에 반복되는 부분을 함수로 만들어 사용하면 편리하게 제어할 수 있다.

3.4 4개의 LED를 ON/OFF 하기

앞의 3.2절 예제를 확장하여 그림 3.23과 같이 UNO 보드의 디지털 핀 #10~#13번에 4개의 LED를 연결하고, ON/OFF 시켜보자.

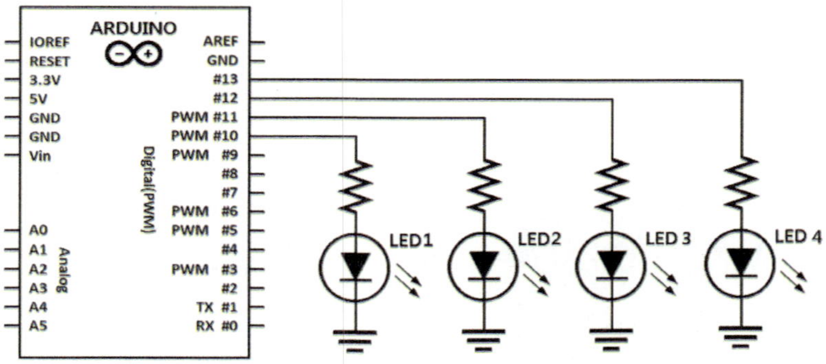

그림 3.23 UNO 보드 디지털 핀 #10~#13번에 LED 연결

(1) 1초 간격으로 LED를 하나씩 ON/OFF하는 예제를 만들어 보자.

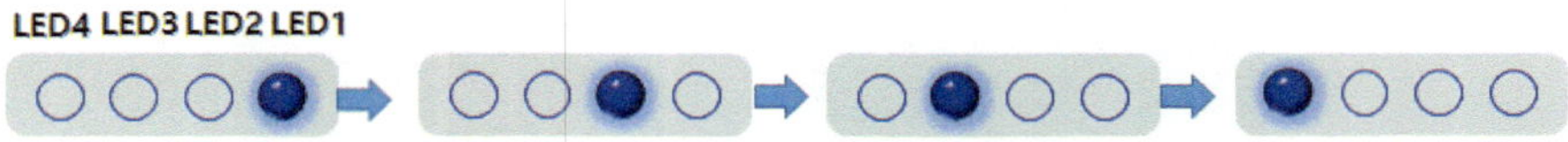

그림 3.24 LED를 하나씩 ON/OFF

블록 프로그램은 그림 3.25와 같이 3.2 예제 블록 프로그램 그림 3.11을 4번 반복하고 디지털 핀 11번을 10~13으로 변경하기만 하면 된다. ●은 LED가 켜진 것(ON)을 나타내고, ○은 LED가 꺼진 것(OFF)을 나타낸다.

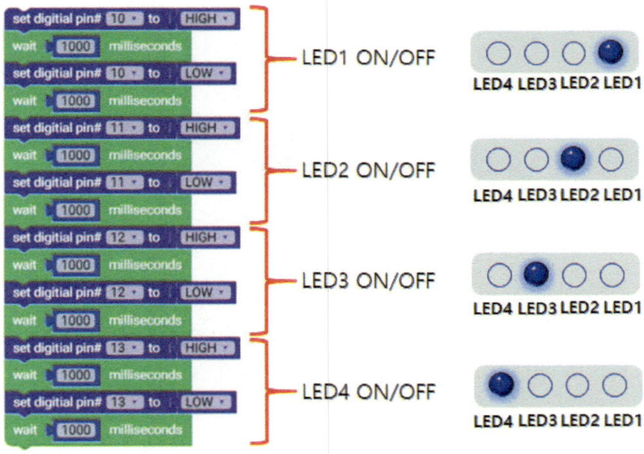

그림 3.25 완성된 4개의 LED ON/OFF 블록 프로그램

(2) 1초 간격으로 그림 3.26과 같이 LED가 모두 OFF된 상태에서 1개씩 LED1 → LED2 → LED3 → LED4로 누적되며 켜지는(ON) 예제를 만들어 보자.

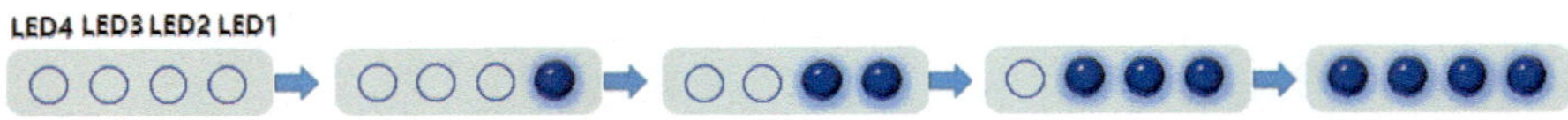

그림 3.26 LED1→LED4로 누적되며 켜짐(ON)

완성된 LED1 → LED4 누적 점등(ON) 블록 프로그램은 그림 3.27과 같다.

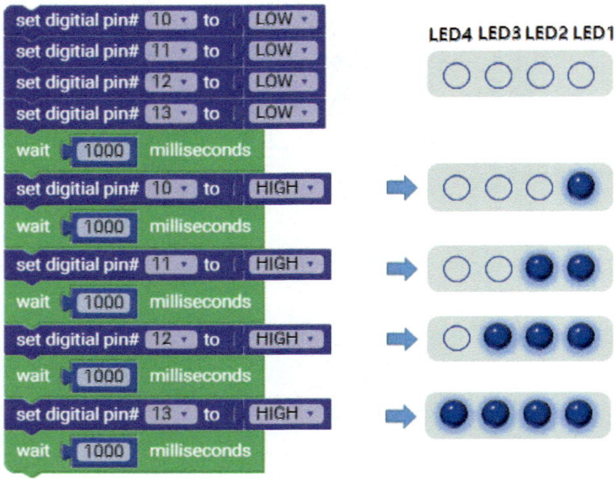

그림 3.27 완성된 LED1 → LED4 누적되며 켜지는(ON) 블록 프로그램

(3) 1초 간격으로 그림 3.28과 같이 3.4절의 (2)와 반대로 LED가 모두 ON된 상태에서 1개씩 LED1 → LED2 → LED3 → LED4로 누적되며 꺼지는(OFF) 예제를 만들어 보자.

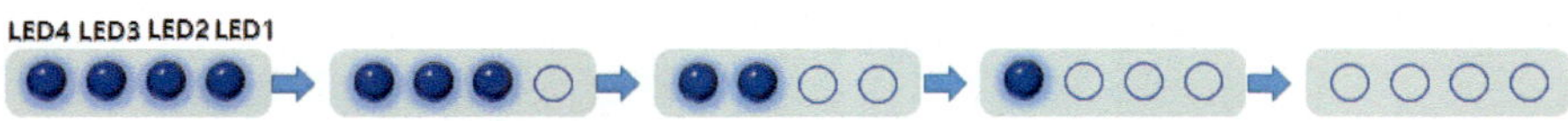

그림 3.28 LED1→LED4로 누적되며 꺼짐(OFF)

LED1 → LED4 누적되며 꺼지는(OFF) 블록 프로그램은 3.4절 (2)의 그림 3.27에서 HIGH와 LOW를 서로 바꾸기만 하면 되며, 그 결과는 그림 3.29와 같다.

그림 3.29 완성된 LED1→LED4 누적되며 꺼지는(OFF) 블록 프로그램

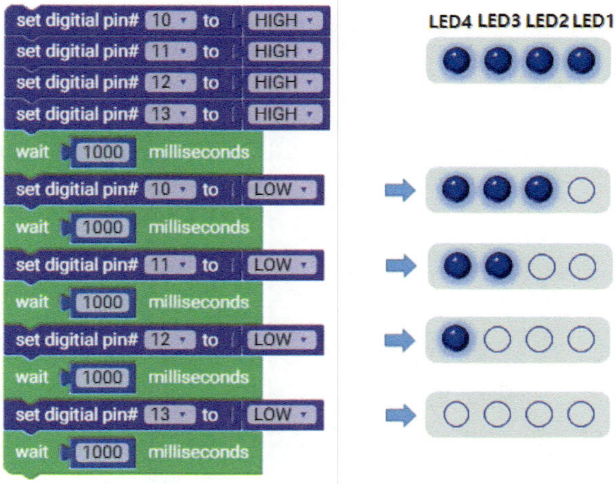

(4) 1초 간격으로 그림 3.30과 같이 LED가 모두 OFF된 상태에서 3.4절의 (2)와 반대 방향으로 1개씩 LED4 → LED3 → LED2 → LED1로 누적되며 켜지는(ON) 예제를 만들어 보자.

그림 3.30 LED1→LED4로 누적되며 점등(ON)

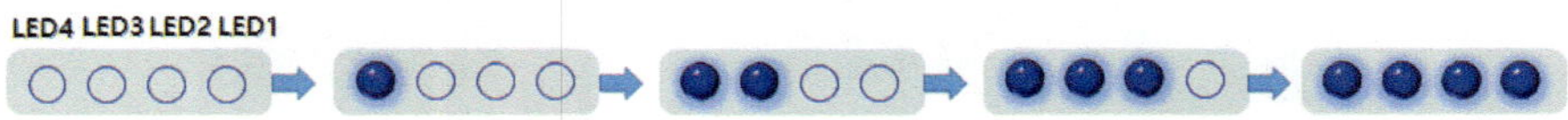

완성된 LED4 → LED1 누적되며 켜지는(ON) 블록 프로그램은 3.4절 (2)의 그림 3.27에서 pin#10 → 13의 순서를 pin#13 → 10의 순서로 바꾸면 되며, 결과는 그림 3.31과 같다.

그림 3.31 완성된 LED4→LED1 누적되며 켜지는(ON) 블록 프로그램

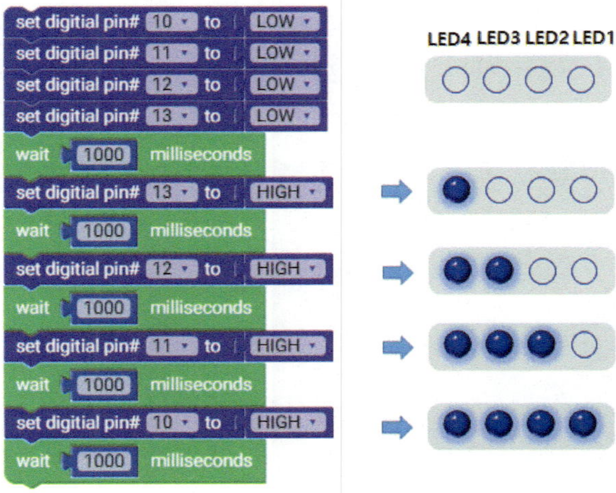

앞의 4개의 LED가 켜지거나 꺼지는 4가지 동작을 정리하면 표 3.1과 같다.

표 3.1 LED 4개의 켜지고 꺼지는 동작

	3.4절 (1)	3.4절 (2)	3.4절 (3)	3.4절 (4)
동작	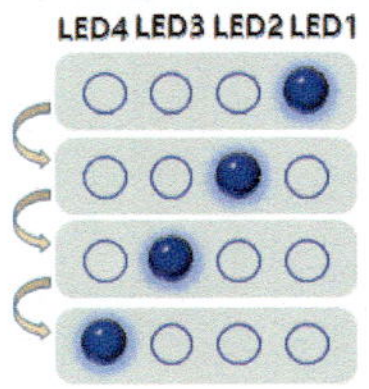	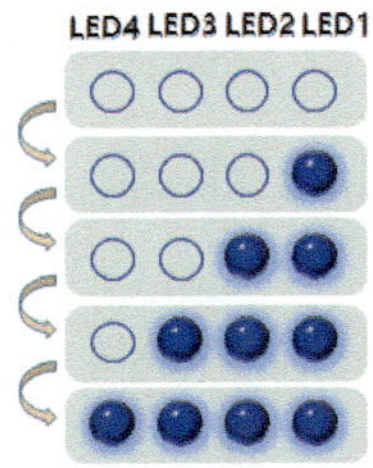	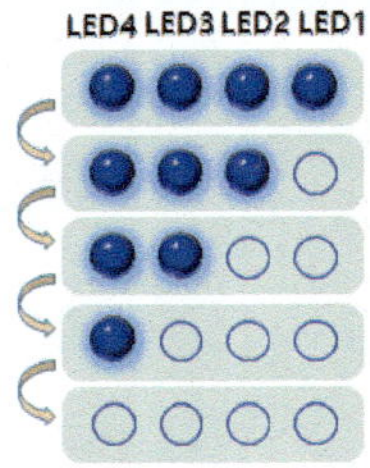	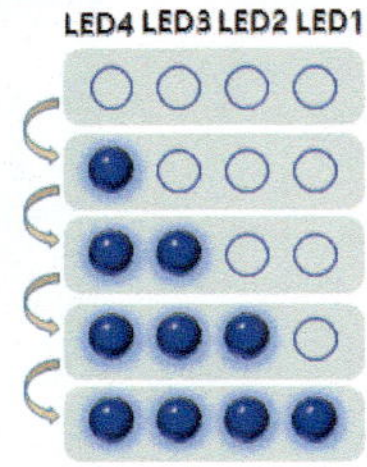
블록프로그램	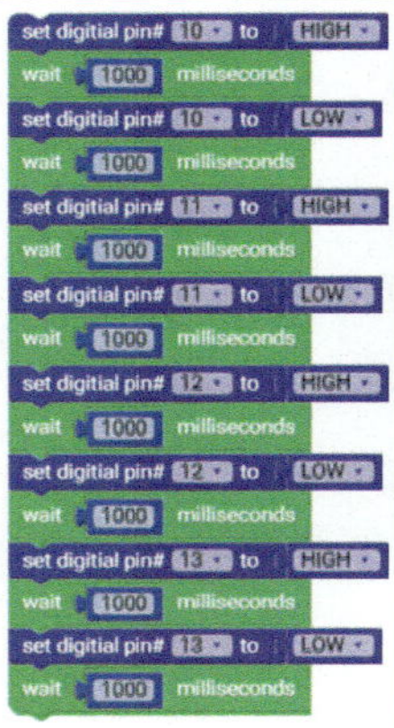	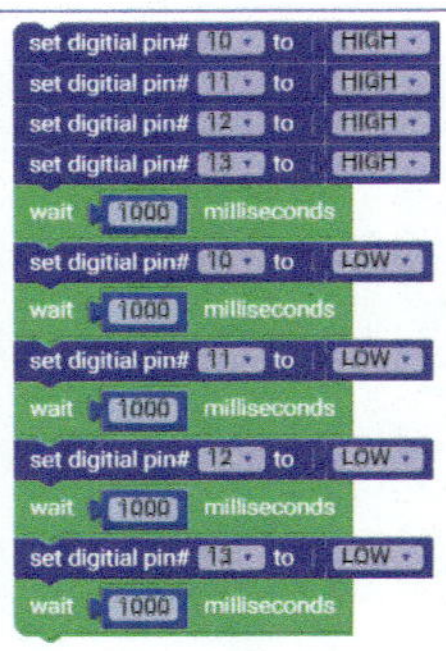	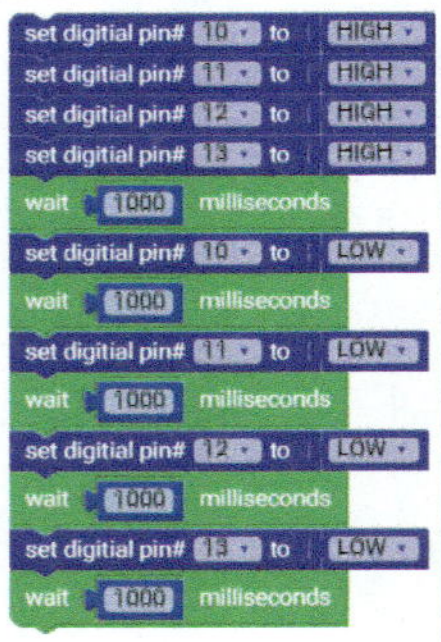	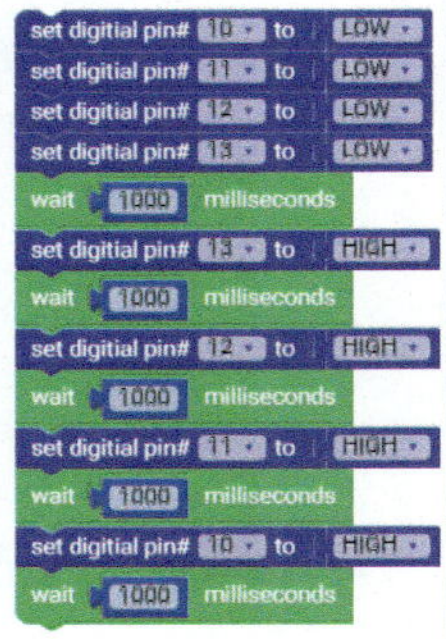

(5) 함수로 된 4가지 LED 제어

표 3.1의 3.4절의 (1), (2), (3), (4)를 각각 함수 LED_ft1, LED_ft2, LED_ft3, LED_ft4 함수로 만들고, 각 함수를 순서대로 실행시켜보자.

먼저 3.3절 예제에서 만든 그림 3.22의 블록 프로그램을 활용하여 각 디지털 핀을 제어하는 함수를 그림 3.32~그림 3.36과 같이 만들자. 그림 3.32의 함수 LED4는 4개의 LED를 모두 끄거나 켜는데 사용되는 함수이고, 그림 3.33~그림 3.36은 각 디지털 핀을 끄거나 켜는데 사용되는 함수이다.

그림 3.32 디지털 핀 #10~#13의 제어 함수

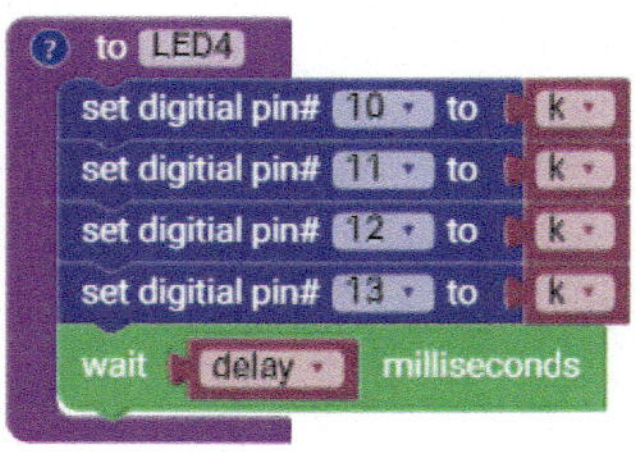

그림 3.33
디지털 핀 #10
제어 함수

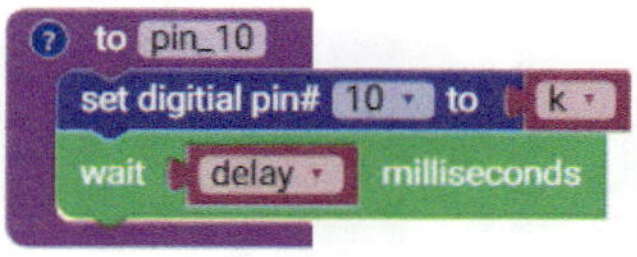

그림 3.34
디지털 핀 #11
제어 함수

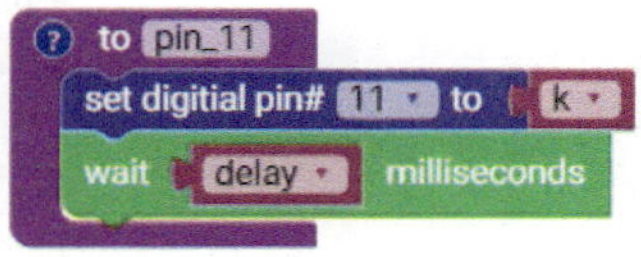

그림 3.35
디지털 핀 #12
제어 함수

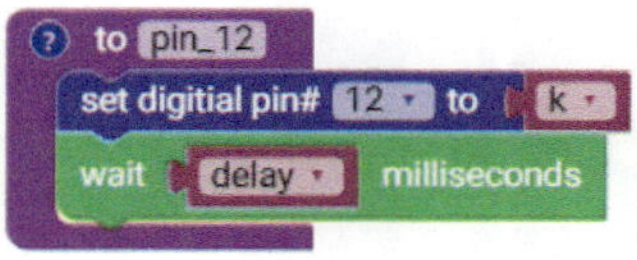

그림 3.36
디지털 핀 #13
제어 함수

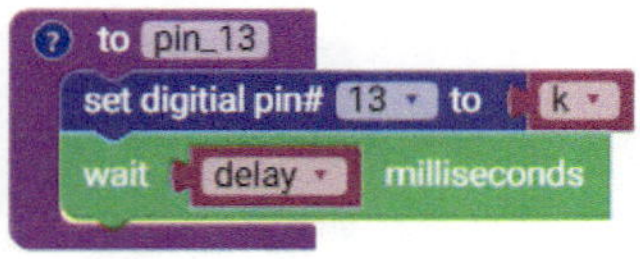

그림 3.32~그림 3.6의 함수를 활용하여 3.4절 (1)~(4)의 4가지 동작을 하는 함수를 표 3.2와 같이 LED_ft1~LED_ft4로 만들 수 있다.

표 3.2 LED 4개의 동작(함수)

예제	3.4절 (1)	3.4절 (2)	3.4절 (3)	3.4절 (4)
동작	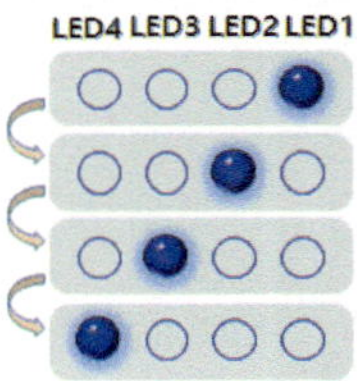	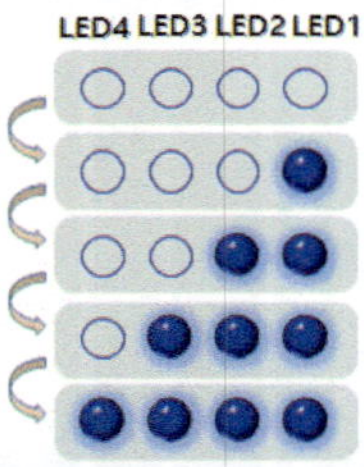	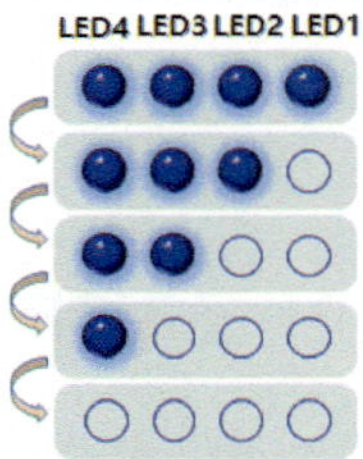	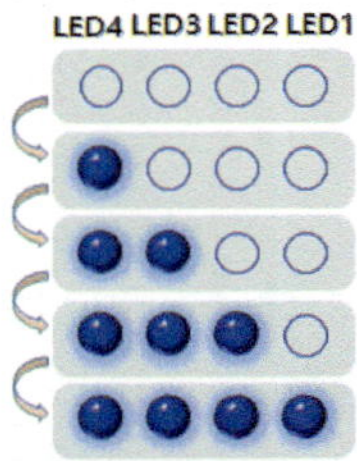
함수 이름	LED_ft1	LED_ft2	LED_ft3	LED_ft4
블록 프로그램	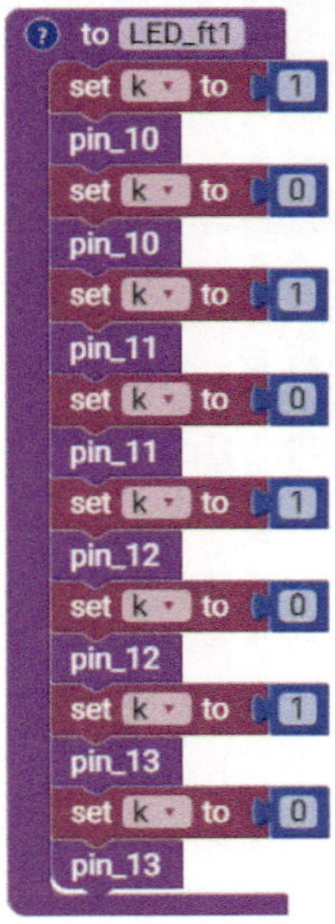	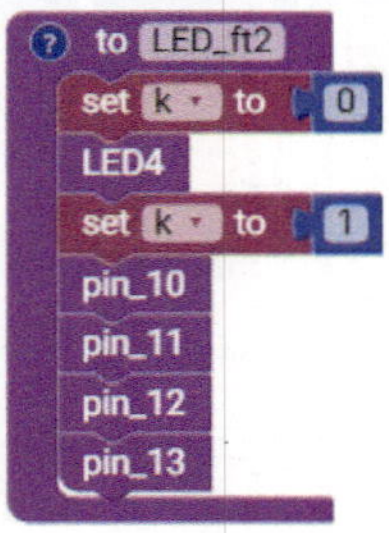	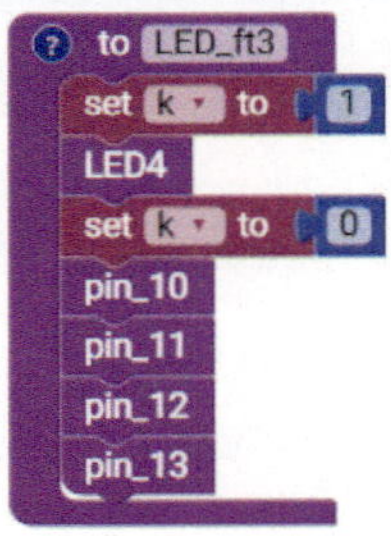	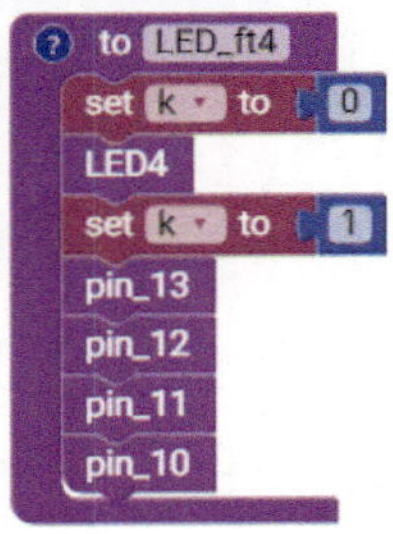

그림 3.37
완성된 4가지 LED 제어 함수로 된 블록 프로그램

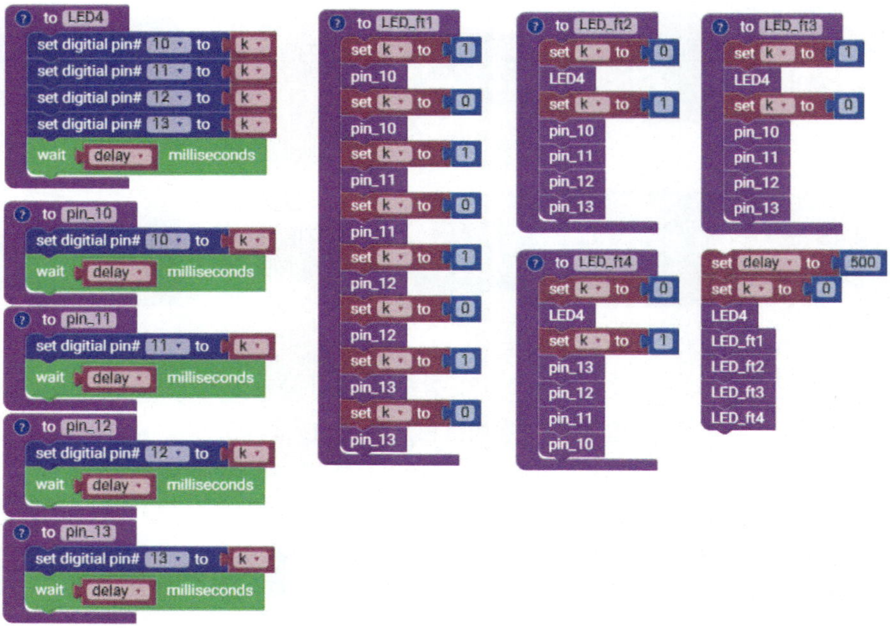

3.5 LED 밝기 조정하기

앞의 3.1~3.4절 예제들에서는 아두이노 UNO 보드의 디지털 핀에 LED를 연결하고, HIGH와 LOW신호를 출력하여 LED를 켜거나 끄는 동작(ON/OFF)을 하도록 블록 프로그램을 작성하였다.

아두이노 UNO 보드의 PWM 출력 핀을 사용하여 LED의 밝기를 조정하여 보자. 아두이노 UNO 보드는 그림 3.38과 같이 디지털 핀 가운데 #3, #5, #6, #9, #10, #11은 PWM 방식으로 아날로그 신호를 출력할 수 있다. 이 6개의 PWM핀을 통하여 0~5V 출력을 0~255단계로 조정할 수 있다.

그림 3.38

UNO 보드의 PWM신호 출력핀

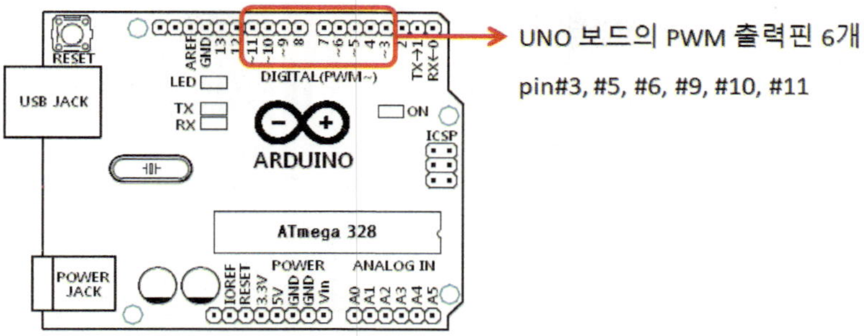

PWM 신호는 0V와 5V의 디지털 신호를 그림 3.39와 같이 0~255의 펄스의 폭을 조정하여 256단계의 아날로그 출력을 만들어 낸다.

그림 3.39

PWM신호와 아날로그 출력

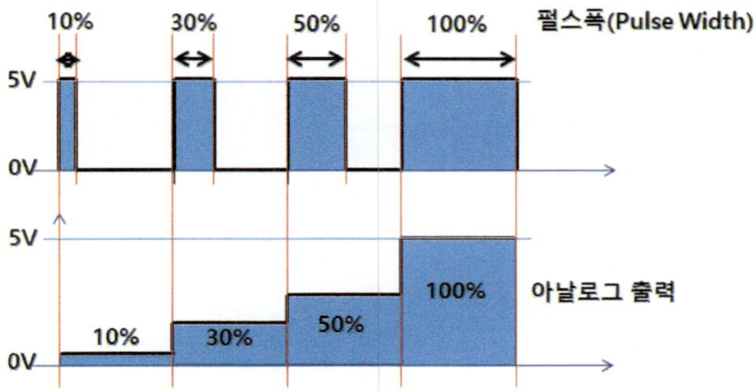

PWM 동작으로 LED의 밝기를 조절하기 위하여 그림 3.40과 같이 UNO 보드의 PWM핀인 디지털 핀 11번에 LED를 연결한다.

그림 3.40

UNO보드 PWM핀 #11에 LED 연결

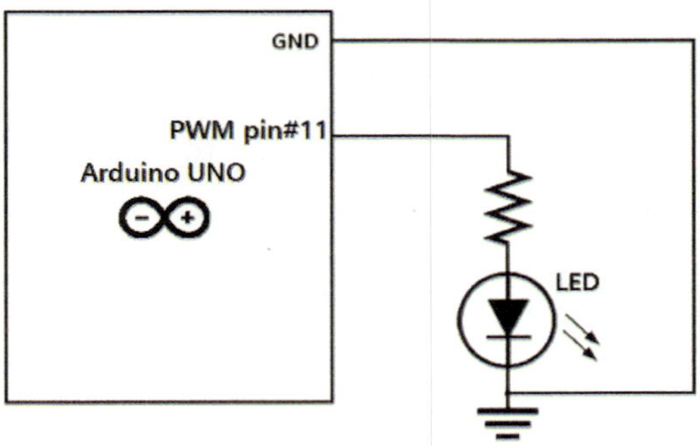

(1) PWM를 사용한 아날로그 출력

Ardublockly의 왼쪽 `Input/Output` 에서 `set analog pin# 3 to` 를 그림 3.41과 같이 선택한다. `set analog pin# 3 to` 는 디지털 핀 3번으로 PWM신호를 출력하는 명령블록이며, 그림 3.42와 같이 PWM핀을 변경할 수 있다.

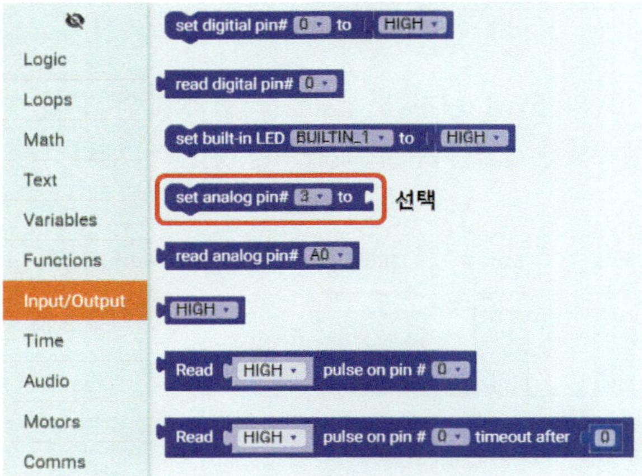

그림 3.41
PWM 출력을 위한 선택

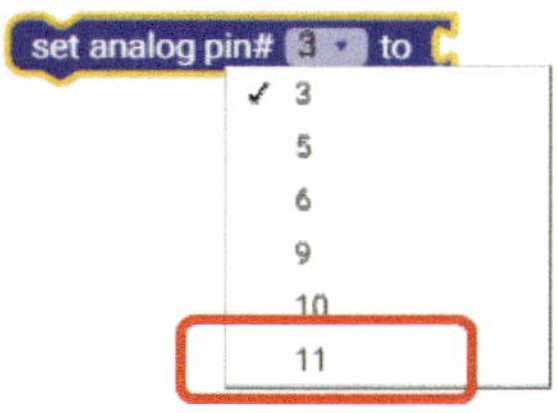

그림 3.42
PWM핀 변경

`set analog pin# 11 to 0` 는 PWM신호 0를 출력하여 그림 3.39의 UNO보드 pin#11에 연결된 LED를 꺼지게(LED OFF) 되고, `set analog pin# 11 to 255` 은 PWM신호 255를 출력하여 그림 3.39의 UNO보드 pin#11에 연결된 LED를 최대 밝기로 켜지게 한다. `set analog pin# 11 to 128` 는 아날로그 출력 50%에 해당한다.

그림 3.43은 아날로그 출력 0%, 10%, 25%, 50%, 75%, 100%의 출력으로 LED의 밝기를 조절하는 블록 프로그램이다.

그림 3.43
PWM신호와 아날로그 출력

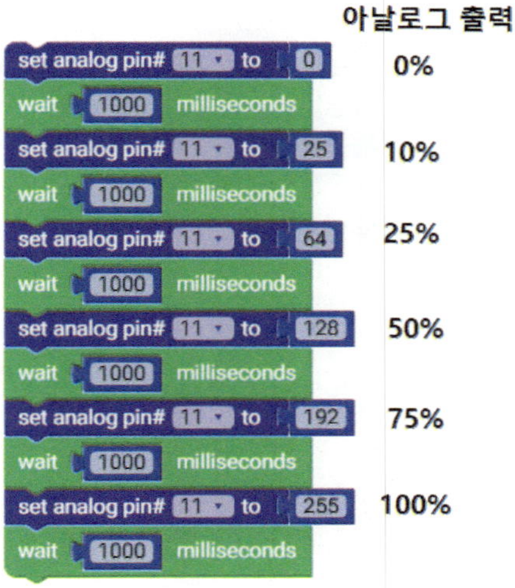

(2) 반복 루프 블록 명령을 사용한 PWM 제어

[set analog pin# 11 to]에 변수를 사용하고, 반복 루프를 사용하여 변수 값을 자동으로 변하게 하여, LED의 밝기가 단계적으로 조정되도록 만들어 보자.

변수 [k]를 만들고, [Loops]에서 [count with i from 1 to 10 by 1 do]를 그림 3.44와 같이 선택하고, 그림 3.45와 같이 변경한다.

그림 3.44
반복 루프 선택

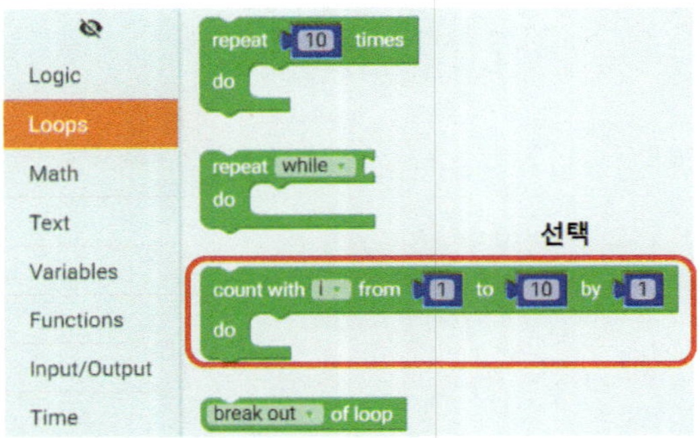

그림 3.45
변수와 변위 조정

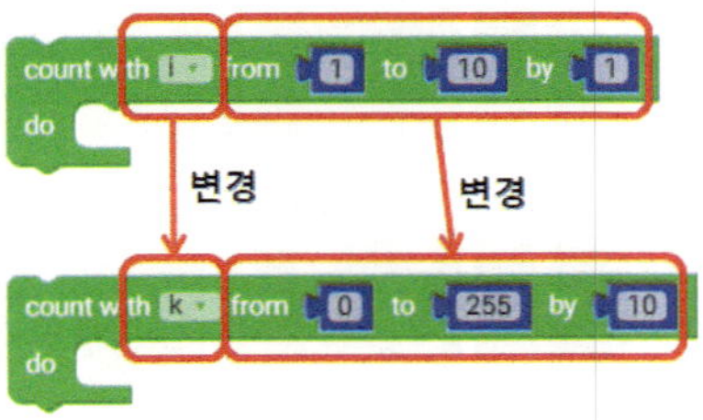

 는 변수 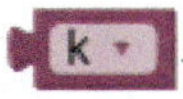 를 0에서부터 10씩 증가시켜 255까지 반복하는 블록 명령이다.  를 끼워 넣어 그림 3.46와 같이 완성된 블록 프로그램을 작성한다.

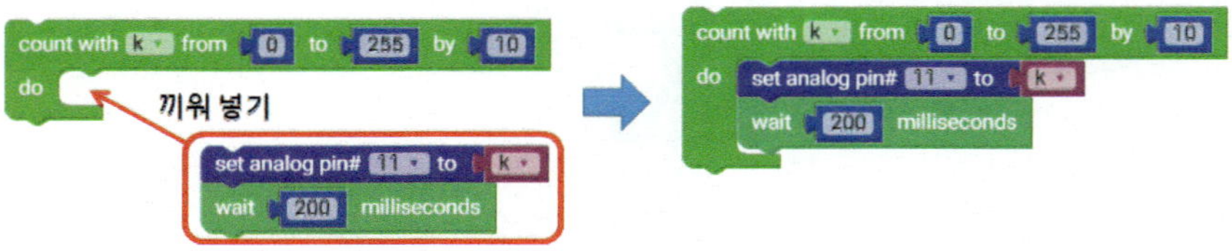

그림 3.46 반복 루프를 사용한 PWM 제어

CHAPTER

04

스위치로 제어하기

Ardublockly에서 버튼 스위치로 ON과 OFF 정보를 받아들이는 방법과 입력된 정보를 판단하는 원리와 블록 프로그램의 작성 방법을 실습한다.

4.1 스위치로 LED On/OFF 하기

버튼 스위치로 ON/OFF 입력을 받아 LED를 켜거나 꺼 보자. 동작을 확인하기 위하여 그림 4.1과 같이 UNO 보드의 디지털 핀 #2번에 버튼 스위치를 연결하고, 디지털 핀 11번에 LED를 연결한다.

그림 4.1의 버튼 스위치는 +5V와 접지 사이에 풀다운(pull down) 방식으로 연결되어 있는데, 버튼 스위치가 눌리면 +5V의 신호가 디지털 핀 #2번에 입력되고 스위치가 눌리지 않으면, 접지를 통하여 0V의 신호가 입력되게 된다. 만일 버튼 스위치와 저항의 위치를 서로 바꾸면 풀업(pull up) 방식이 되어 반대의 신호가 입력된다.

그림 4.1
아두이노 보드 디지털 핀 #2에 버튼 스위치, #11에 LED 연결

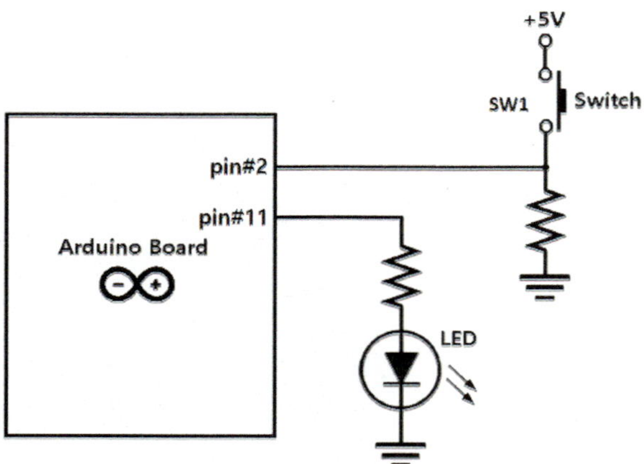

버튼 스위치 SW1이 눌리면 디지털 핀 #2번을 통하여 +5V의 전압이 입력되고, 디지털 핀 #11번에 연결된 LED에 불을 켜지도록(ON) 블록 프로그램을 작성하여 보자.

(1) 변수선언하기

Ardublockly Variables 에서 그림 4.2와 같이 변수 정의하는 명령블록 set item to 을 선택하고, item를 sw로 변경하여 set sw to 를 생성한다.

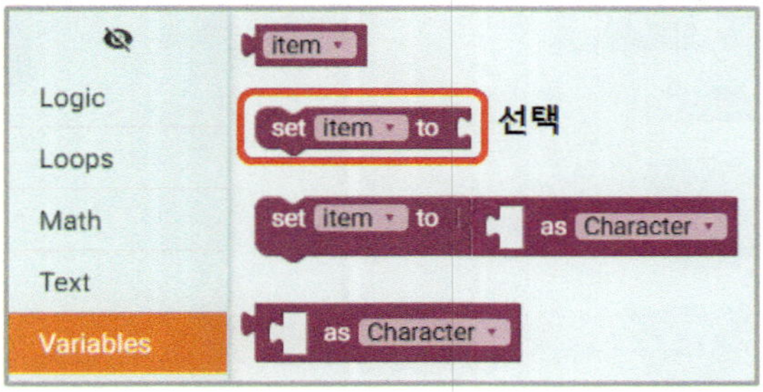

그림 4.2 변수 선택

(2) 디지털 값 읽기

Ardublockly의 왼쪽 Input/Output 에서 그림 4.3과 같이 디지털 입력 명령블록 read digital pin# 0 을 선택하여 set sw to 에 끼워 넣고 #0를 #2로 변경한다.

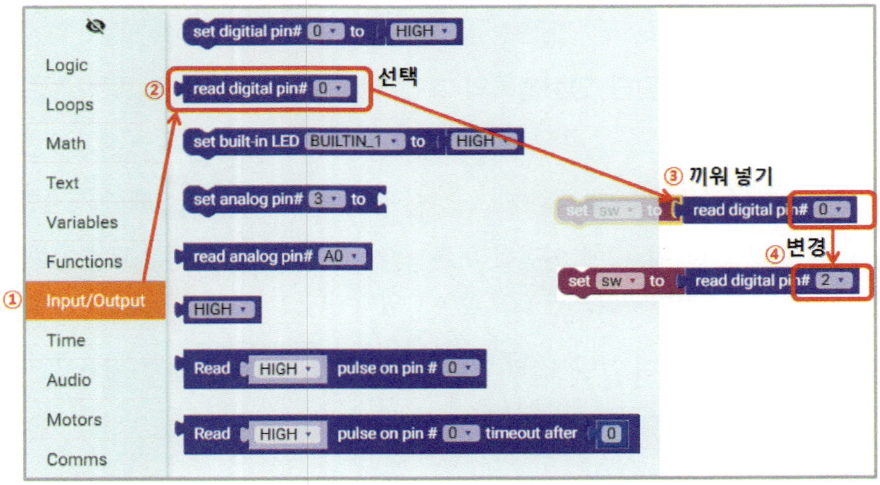

그림 4.3 디지털 값 읽기

(3) 판단 명령블록 만들기

set sw to read digital pin# 2 를 통해서 입력된 값을 if-else 구조를 이용하여 판단하기 위해 그림 4.4와 같이 Ardublockly Logic 에서 판단 명령블록 if do 을 선택하고, if-else 구조인 if do else 로 확장한다.

그림 4.4
판단 블록명령과
if-else로 확장

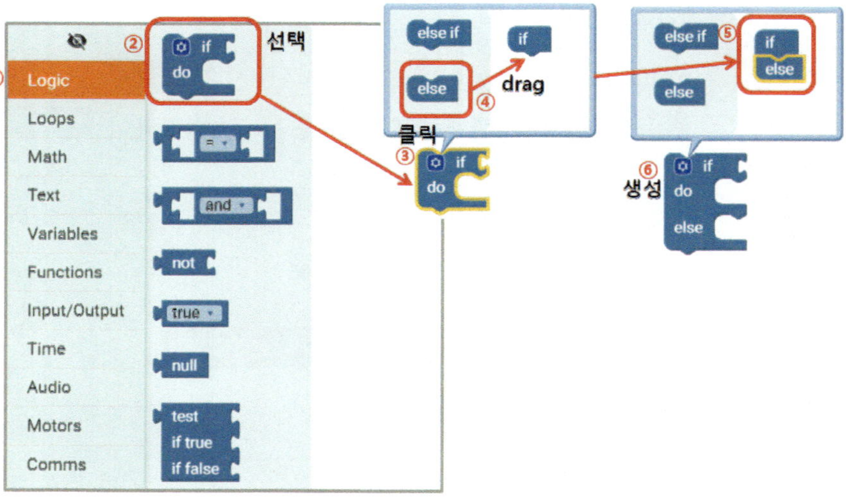

를 의 아래에 끼워 과 같이 만든다.

(4) 판단 명령블록의 조건 만들기

Ardublockly 에서 판단블록 에서 사용할 if의 조건은 디지털 핀 #2에 연결된 버튼 스위치 SW1이 눌리면 1(HIGH)이 입력되고, 버튼이 눌리지 않으면 0(LOW)이 입력된다. 그러므로 sw가 1인지 0인지를 판단하기 위하여 그림 4.5와 같이 블록명령 을 가져와서, 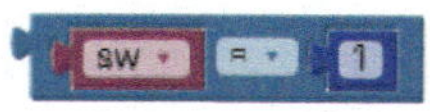로 구성한다.

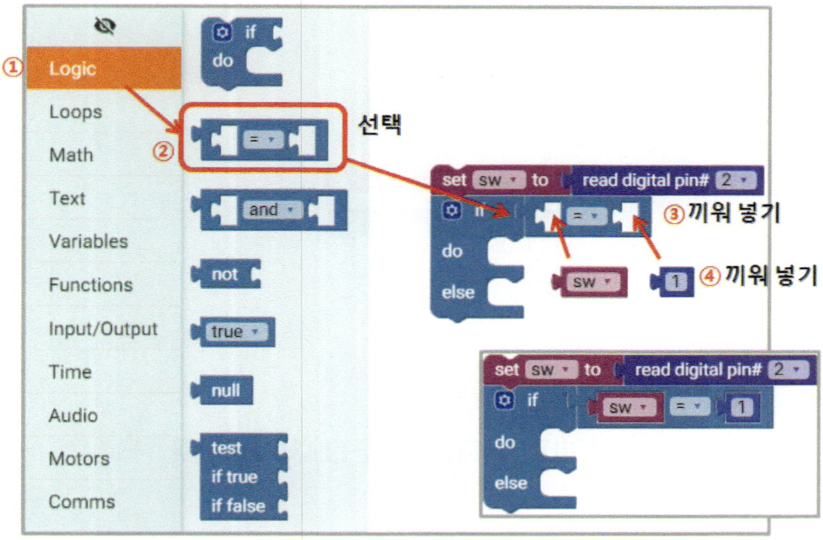

그림 4.5
판단 조건 만들기

판단 블록명령에서 그림 4.6과 같이 sw가 1이면 set digitial pin# 11 to HIGH 을 실행하고, sw가 1이 아니면 set digitial pin# 11 to LOW 이 실행되도록 판단 구조를 그림 4.7과 같이 구성한다.

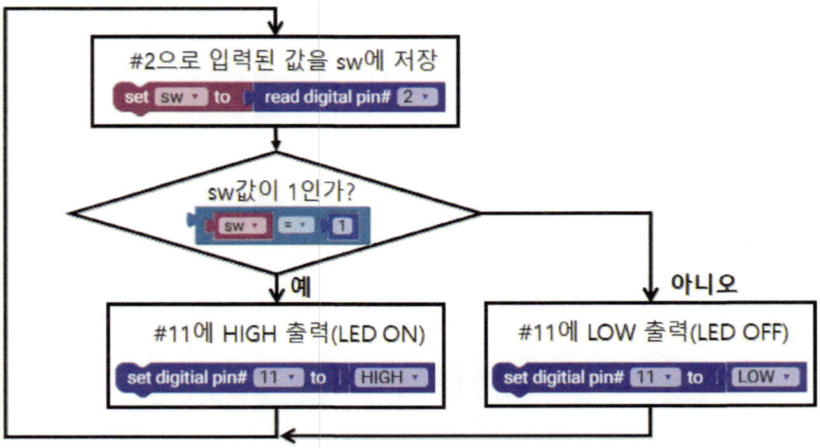

그림 4.6
판단 구조

(5) 완성된 블록 프로그램

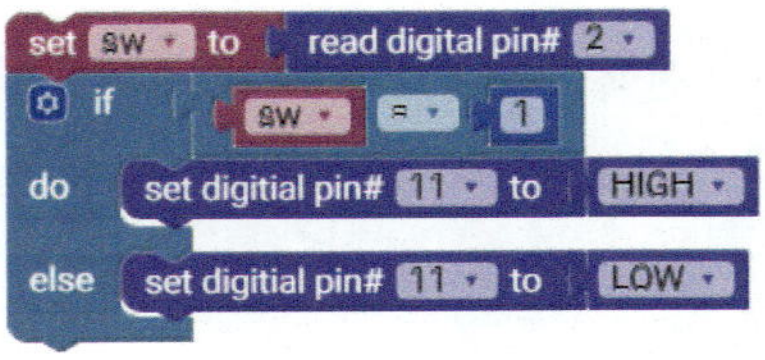

그림 4.7
완성된 블록 프로그램

4.2 스위치 4개로 4개의 LED 제어하기

앞의 4.1절 예제를 확장하여 4개의 버튼 스위치로 그 입력된 정보에 따라 4개의 LED를 제어하여 보자.

먼저 그림 4.8과 같이 UNO 보드의 디지털 핀 #2~#5번에 버튼 스위치 4개를 연결하고, 디지털 핀 #10~#13번에 LED 4개를 연결한다.

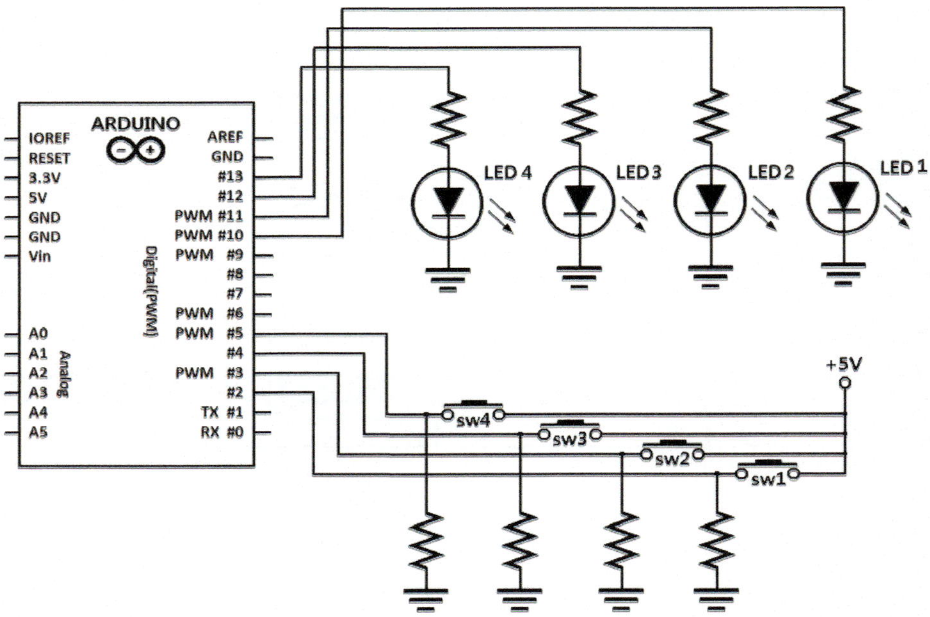

그림 4.8
디지털 핀 #2~#5번에 버튼 스위치 연결, 디지털 핀 #10~#13번에 LED 연결

디지털 핀 2번의 버튼 스위치 sw1이 눌려지면 디지털 핀 10번의 LED1이 ON, #3의 버튼 스위치 sw2가 눌려지면 #11의 LED2가 ON, #4의 버튼 스위치 sw3이 눌려지면 #12의 LED3가 ON, #5의 버튼 스위치 sw4가 눌려지면 #13의 LED3가 ON 되는 블록 프로그램을 작성하여 보자.

(1) 다중 판단 블록

Ardublockly 

에서 판단블록 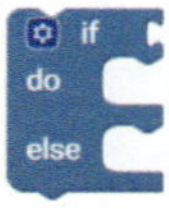

을 그림 4.4를 참고하여 그림 4.9와 같이 확장한다.

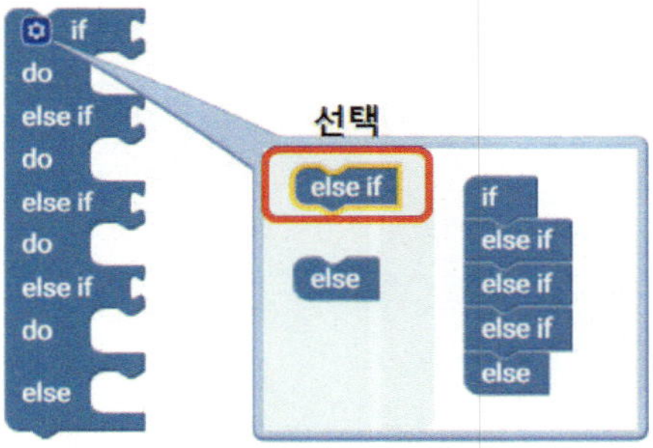

그림 4.9
판단 블록의 확장

(2) 다중 변수 생성

디지털 입력을 변수로 반아들이기 위하여 앞의 그림 4.3을 참고하여 4개의 디지털 입력에 대하여 4개의 변수 sw1~sw4를 그림 4.10과 같이 생성한다.

그림 4.10
다중 변수 생성

(3) 완성된 블록 프로그램

그림 4.9에 그림 4.10에서 생성된 변수를 판단을 위한 조건으로 그림 4.5를 참고하여 그림 4.12와 같이 만든다. 여기서 각 버튼 스위치가 눌렸을 때만 LED의 불이 켜지고 눌리지 않았을 때 모든 LED의 불이 꺼질 수 있도록 그림 4.11과 같이 모든 LED를 OFF되는 블록명령을 추가한다.

그림 4.11
모든 LED OFF

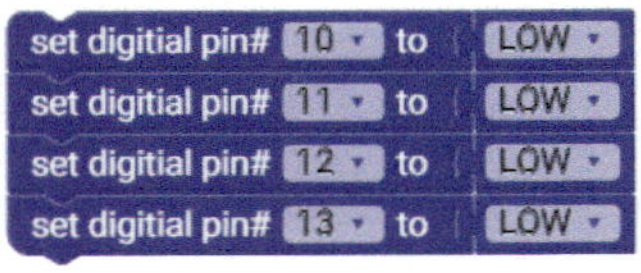

그림 4.12
버튼 스위치 4개로 LED 선택 제어

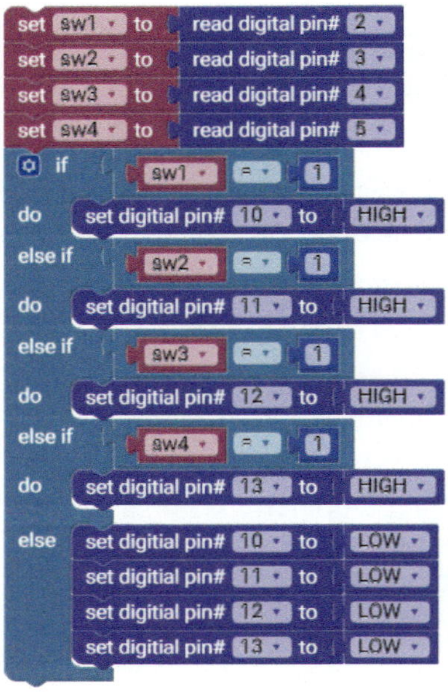

4.3 스위치 4개로 LED 함수 제어하기

그림 4.8와 같이 아두이노 보드에 4개의 버튼 스위치와 4개의 LED가 연결된 회로에서 4개의 스위치를 활용하여 #2의 버튼 스위치 sw1이 눌려지면 표 4.1과 같이 LED_ft1 선택 실행, #3의 버튼 스위치 sw2가 눌려지면 LED_ft2 선택 실행, #4의 버튼 스위치 sw3이 눌려지면 LED_ft3 선택 실행, #5의 버튼 스위치 sw4가 눌려지면 LED_ft4 선택 실행되고 버튼 스위치가 눌리지 않으면 모든 LED가 OFF되는 블록 프로그램을 만들어 보자.

표 4.1 버튼 스위치 3개로 LED제어 함수 선택 제어

입력	#2 (sw1)	#3 (sw2)	#4 (sw3)	#5 (sw4)
동작	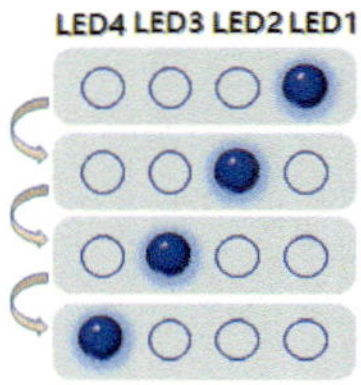	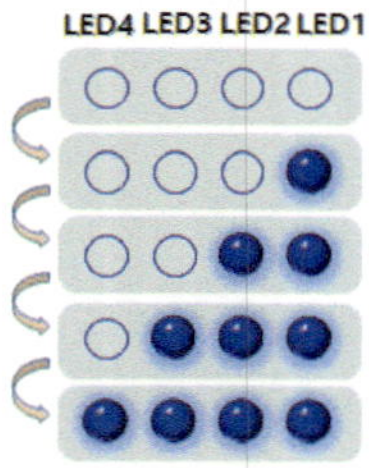	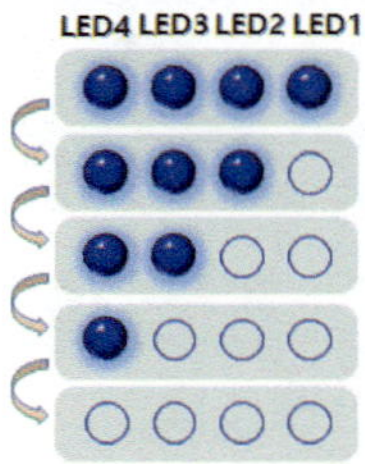	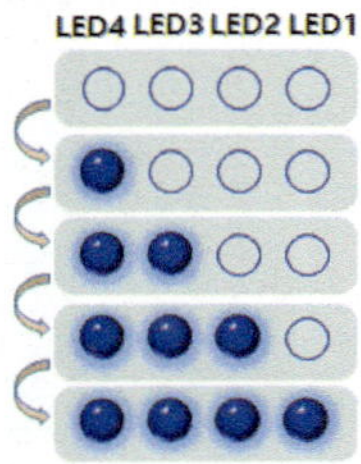
함수	LED_ft1	LED_ft2	LED_ft3	LED_ft4

이것은 4.2의 예제와 LED함수를 사용한 3.4절의 예제를 결합하면 쉽게 구현할 수 있다. 먼저 LED함수 3.4절의 예제와 같이 4가지 동작을 하는 함수를 그림 4.13 같이 만든다.

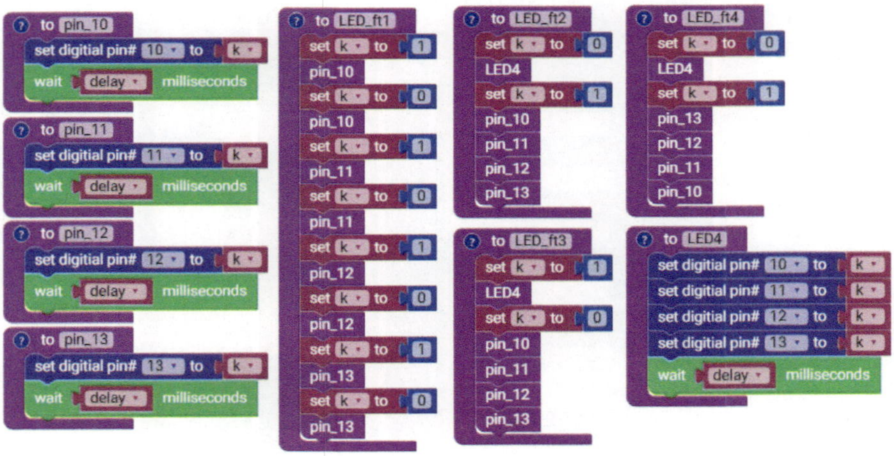

그림 4.13 LED 4개의 동작(함수)

다음으로 4.3절 예제의 그림 4.12를 버튼 스위치 입력에 따라 4가지 동작 함수가 선택되도록 그림 4.14와 같이 수정한다.

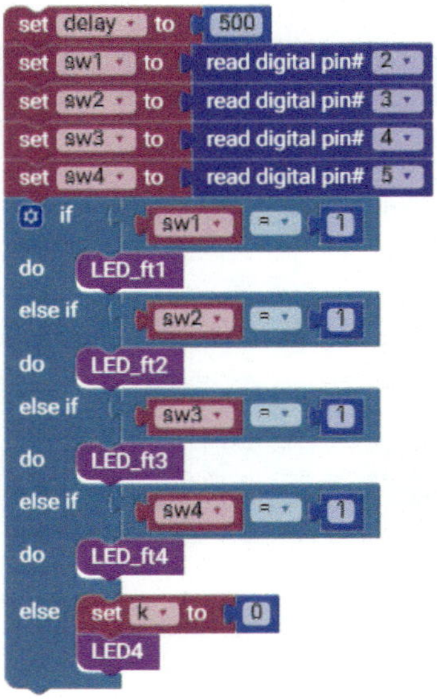

그림 4.14
버튼 스위치
4개로 LED제어
함수 선택 제어

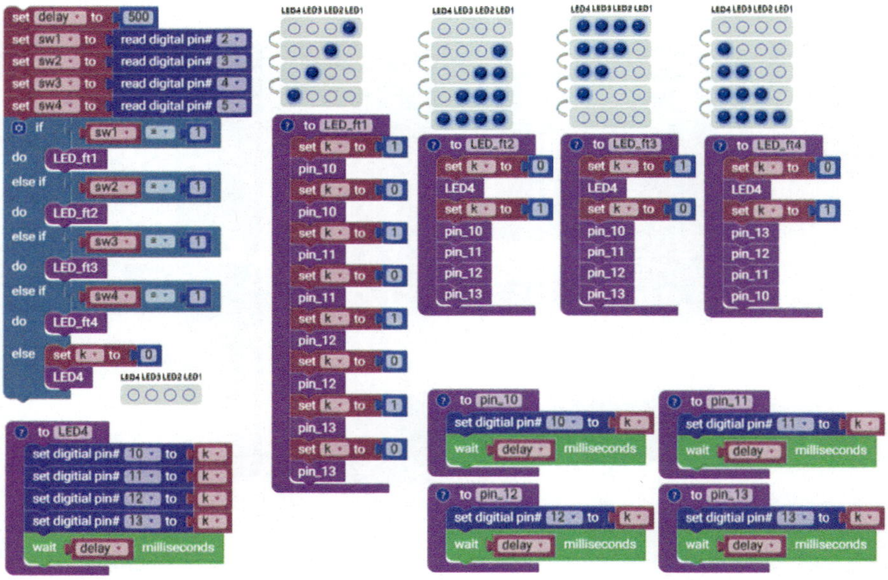

그림 4.15
완성된 블록
프로그램

CHAPTER

05

피에조로 소리내기

4장과 5장에서 Ardublockly로 LED를 제어하는 방법을 학습했다. LED를 사용하여 눈으로 결과를 볼 수 있는 것만큼 경고음이나 멜로디와 같이 소리로 정보를 전달하는 것도 매우 효과적이다.

이 장에서는 아두이노 보드에 피에조 연결하고 Ardublockly로 다양한 소리가 출력되는 원리와 방법을 학습한다.

5.1 소리 발생의 원리

LED는 시각적으로 정보를 전달해 주고, 모터들은 움직이는 기능을 구현할 수 있다. 소리 또한 멜로디나 간단한 경고음의 발생하여 편리하게 정보를 제공하는 방법이 된다.

공기 중에서 일어나는 진동으로 인한 현상인 소리는 진동의 주파수에 따라 다양한 종류의 음을 만들어 낼 수 있다. 사람이 들을 수 있는 주파수를 가청 주파수라고 하는데 일반적으로 20Hz~20kHz의 범위이다. 이 범위의 주파수를 피에조에 발생시키면 해당하는 주파수의 소리를 낼 수 있다.

그림 5.1
진동과 소리

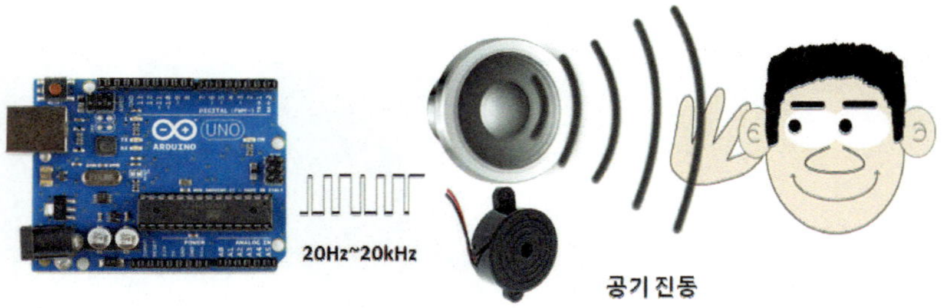

그림 5.2와 같은 피에조(Piezo) 스피커는 고체에 힘을 가하였을 때 결정 겉면에 전기적 분극이 일어나는 압전 효과(Piezoelectric Effect)를 이용하는 부품으로 주파수를 갖는 펄스를 사용하여 소리를 만들어 낼 수 있다.

그림 5.2
피에조 스피커

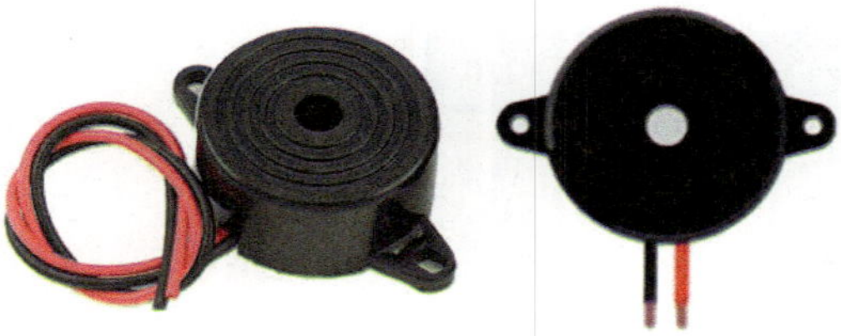

5.2 피에조로 소리 내기

Ardublockly는 이 피에조 스피커로 쉽게 소리를 낼 수 있는 블록명령이 제공된다. Audio 를 클릭하면 그림 5.3과 같이 Set tone on pin # 0 at frequency 220 과 Turn off tone on pin # 0 의 2가지 블록명령이 나타난다.

그림 5.3
Ardublockly의 Auduio 블록 명령

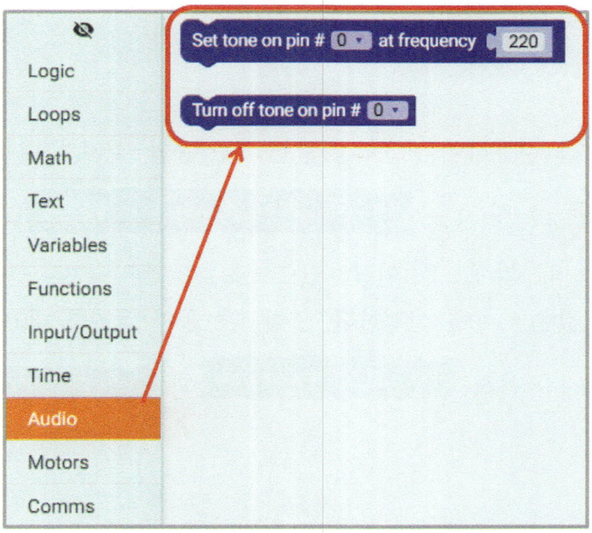

Set tone on pin # 0 at frequency 220 는 아두이노 디지털 핀 #0번에 연결된 피에조에서 220Hz의 소리를 발생시키는 명령블록으로 그림 5.4와 같이 피에조 스피커가 연결된 포트와 소리 내고자하는 주파수를 설정해 주면 설정된 주파의 소리가 피에조 스피커를 통해 발생된다.

그림 5.4
피에조에서 소리 발생하는 명령블록

Turn off tone on pin # 0 소리발생을 멈추는 명령이다.

실습을 위하여 그림 5.5와 같이 아두이노 보드 디지털 핀 #7에 피에조를 연결한다. 피에조는 극성이 있으므로 연결에 주의해야 한다.

그림 5.5
디지털 핀 #7번에 피에조 스피커 연결

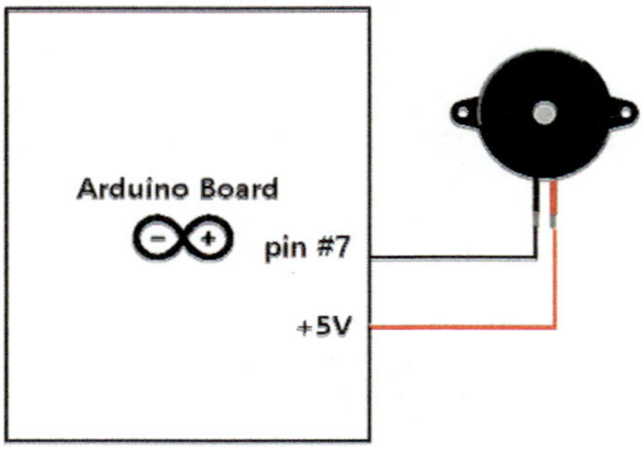

먼저 피에조를 사용하여 표준음'라'음을 1초 동안 소리가 나게 해보자.

Audio 를 클릭하고 Set tone on pin # 0 at frequency 220 과 UNO보드 디지털 핀 #7번에 피에조를 연결하였으므로 핀 값은 #7로 설정하고, 주파수(frequency) 값은 440를 설정한다. 또한 1초 동안 소리를 내고 멈추도록 하기 위하여 지연시간 블록 wait 1000 milliseconds 과 Turn off tone on pin # 7 를 사용한다.

완성된 프로그램은 그림 5.6과 같이 간단하다.

그림 5.6
표준음 '라(440Hz)' 소리 내기

5.3 피에조로 연주하기

Ardublockly는 

에 원하는 소리의 주파수를 입력하면 소리를 쉽게 낼 수 있다.

우리가 잘 아는 도(C), 레(D), 미(E), 파(F), 솔(G), 라(A), 시(B)를 7음계라고 하는데 그림 5.7과 같이 피아노의 흰색 건반을 누눌 때 나는 소리이다. 검은색 건반까지 포함하면 12음계가 된다.

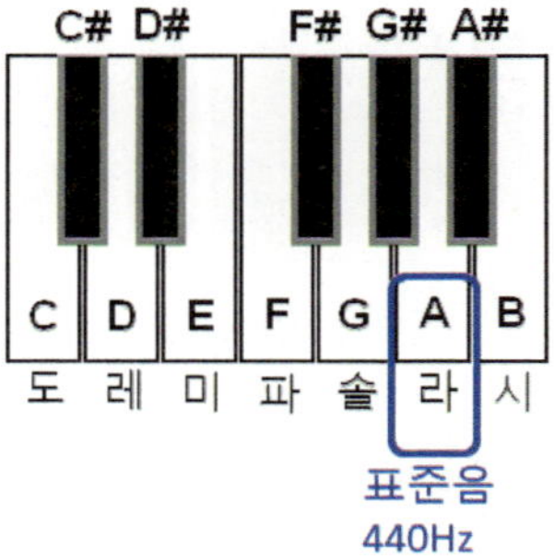

그림 5.7 피아노의 건반과 음계

피아노 4옥타브의 12음계 중 라(A)를 표준음이라고 하며, 주파수는 440Hz이다. 나머지 음들은 이 표준음을 기준으로 등비수열이라는 좀 복잡한 규칙으로 이루어져있다. 이러한 규칙으로 인하여 컴퓨터 등 전자장치로 정확한 피아노 음을 만들어 낼 수 있다. 그런데 라(A)를 제외한 다른 음들은 주파수가 소수점 아래 숫자를 가지고 있어서 이 소수점아래 숫자를 많이 반영 할수록 정확한 음을 낼 수 있다.

Ardublockly 

의 주파수 설정 부분에는 소수점이 없는 정수만 표시할 수 있으므로 정확한 12음계의 음을 재현하지는 못하지만 표 5.1과 같은 주파수를 사용하면 비교적 비슷하게 음을 만들 수 있다.

주파수에 따라 아두이노 디지털 핀 #7번에 연결된 피에조에서 1초 동안 원하는 주파수의 소리가 나는 함수를 만들면 그림 5.8과 같다.

그림 5.8
디지털 핀 #7에 연결된 피에조에서 소리

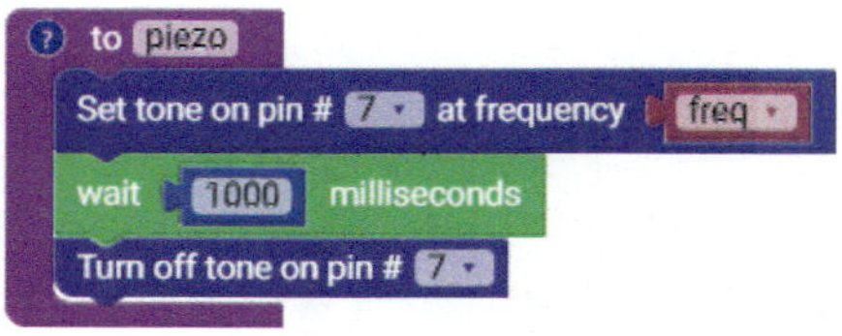

표 5.1
4옥타브 12음계 주파수(정수)

7음계	12음계	주파수(4옥타브)
도	C	262 Hz
	C#	277 Hz
레	D	294 Hz
	D#	311 Hz
미	E	330 Hz
파	F	349 Hz
	F#	370 Hz
솔	G	392 Hz
	G#	415 Hz
라	A	440 Hz
	A#	466 Hz
시	B	494 Hz

표 5.1를 이용하여 '도레미파솔라시'를 피에조를 활용하여 아두이노 보드로 소리를 발생시켜 보자.

피에조의 출력을 원하는 순서로 배열하기만 하면, 원하는 순서로 소리를 나게 할 수 있다. 같은 방법으로 악보에 따라 주파수를 배열하면 곡도 연주할 수 있다.

그림 5.9
도레미파솔라시 연주

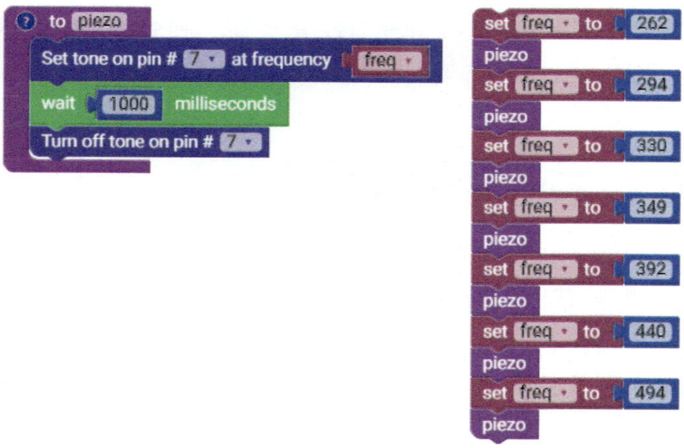

5.4 피에조로 악기 만들기

버튼 스위치를 누르면 소리가 나는 프로그램을 만들어 보자.
먼저 아두이노 UNO보드에 버튼 스위치 4개와 피에조를 그림 5.10과 같이 연결하자.

그림 5.10
UNO보드에 버튼 스위치 4개와 피에조 연결

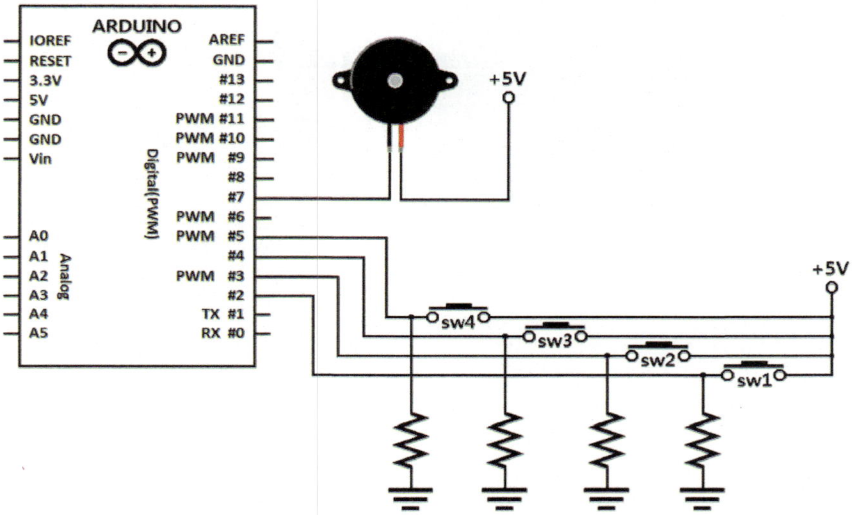

버튼 스위치 sw1이 눌리면 '도', 버튼 스위치 sw2이 눌리면 '레', 버튼 스위치 sw3이 눌리면 '미', 버튼 스위치 sw4가 눌리면 '파'음을 내는 프로그램을 만들어 보자.

4.4절의 4개 스위치 활용 예제를 참고하여 그림 5.11과 같이 만들 수 있다.

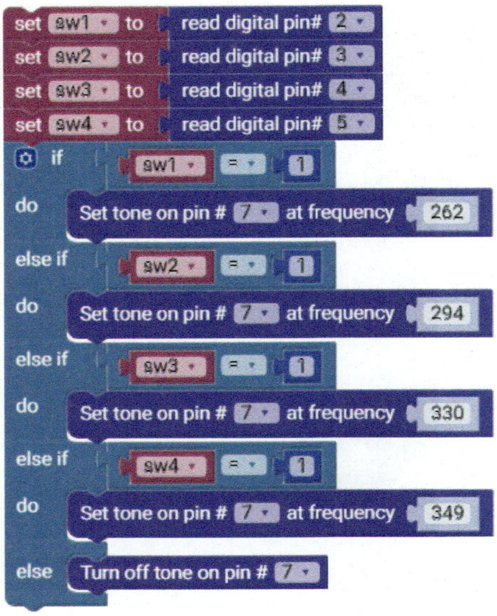

그림 5.11 버튼으로 소리내기

CHAPTER

06

시리얼 통신으로 제어하기

시리얼 통신은 서로 다른 시스템들이 데이터를 주고받기 위해 사용하는 가장 일반적인 통신 방법이다. 컴퓨터와 아두이노 보드도 USB 케이블을 통하여 시리얼 통신으로 정보를 교환한다. 이장에서는 컴퓨터와 아두이노 보드 사이의 시리얼 통신을 이용한 제어를 학습한다.

6.1 시리얼 통신이란?

컴퓨터에서 작성된 Ardublockly 프로그램은 USB 케이블을 통하여 아두이노 보드로 작성한 프로그램을 업로드 한다. 컴퓨터와 아두이노 보드가 USB 케이블을 통하여 시리얼 통신으로 정보를 교환하는 것이다.

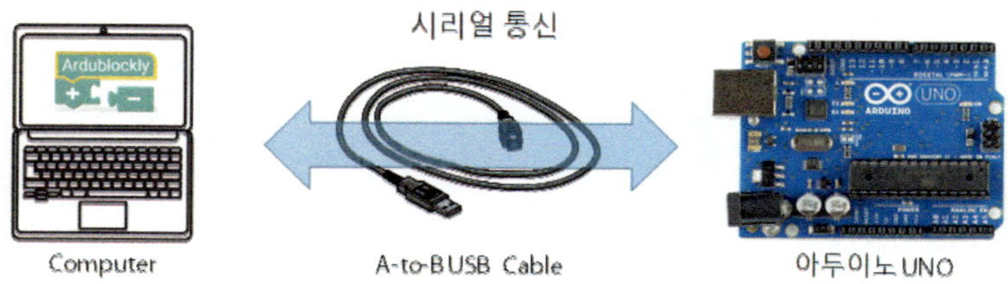

그림 6.1 컴퓨터와 아두이노 UNO 보드에의 시리얼 통신

아두이노 보드들은 프로그램 작성용 컴퓨터와 시리얼 통신을 위하여 디지털 입출력핀 #0와 #1을 각각 수신(RX)와 송신(TX)으로 사용하고 있으며, 컴퓨터와 USB 케이블 형태로 서로 연결한다.

이 장에서는 시리얼 통신을 활용하여 아두이노 UNO 보드에서 컴퓨터로 문자 메시지나 센서 등을 통하여 수집된 정보를 컴퓨터의 시리얼 모니터에 출력하는 방법을 공부한다. 또한 컴퓨터에서 아두이노 UNO 보드로 제어명령을 전송하여 LED나 피에조, 모터 등을 제어하는 방법을 통하여 원격제어 원리를 배운다.

컴퓨터와 아두이노 UNO 보드 사이의 시리얼 통신을 위해서는 속도(bps), 패리티(Parity), 스탑비트(Stop bit), 데이터 비트(Data bits) 설정이 필요하다. 이장에서는 실험을 위하여 속도는 9,600bps, 패리티는 No parity, 1 스탑비트, 8데이터 비트를 사용한다. 그러나 전송속도를 제외하고 다른 부분은 별도의 설정을 하지 않아도 된다.

6.2 아두이노 보드에서 컴퓨터로 메시지 전송하기

시리얼 통신 과정을 이해하기 위하여 아두이노 UNO 보드에서 컴퓨터로 문자 메시지를 보내는 프로그램을 만들어 본다.

아두이노 UNO 보드에서 컴퓨터로 시리얼 통신에는 그림 6.2와 같이 아두이노 개발환경(IDE)의 시리얼 모니터 창이 사용된다.

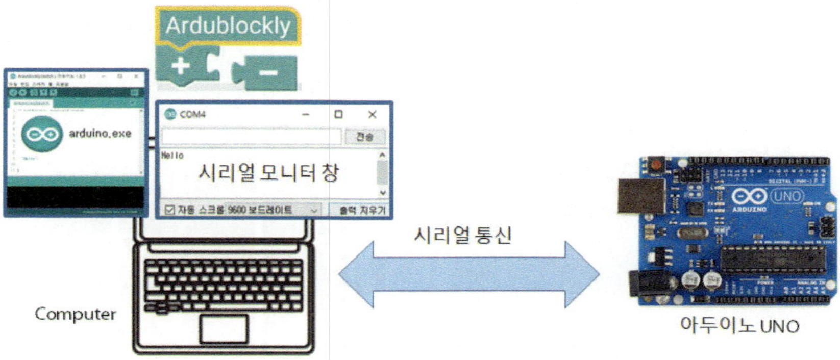

그림 6.2 아두이노 UNO 보드에와 컴퓨터의 시리얼 통신

아두이노 UNO 보드에서 컴퓨터로 시리얼 통신을 통하여 'Hello'라는 메시지를 전송하여 컴퓨터의 시리얼 모니터 창에 나타내 보자.

(1) 하드웨어 구성하기

컴퓨터와 아두이노 UNO 보드를 USB 케이블로 연결하고 Ardublockly를 실행시킨다.

(2) 시리얼 통신 블록 프로그램 작성하기

아두이노 UNO 보드와 컴퓨터의 시리얼 전송 속도를 맞추기 위하여 Ardublockly Comms 에서 그림 6.3과 같이 시리얼 통신 속도를 정의하는 명령블록 Setup serial : speed to 300 bps 를 프로그램 작성 창에 끌어다 놓고, 그림 6.4와 같이 전송속도를 9,600으로 설정한다.

그림 6.3
시리얼 통신
전송속도 설정
블록명령

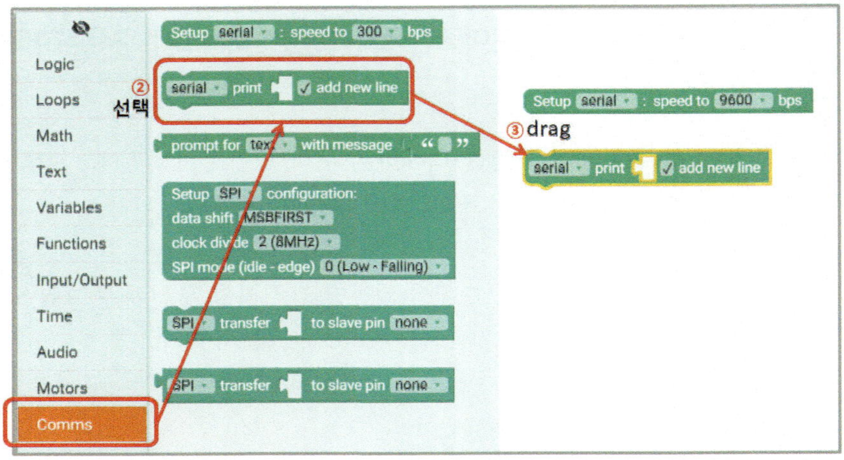

그림 6.4
시리얼 통신
전송속도 설정

아두이노 UNO 보드에서 컴퓨터로 시리얼 통신으로 메시지를 전송하기 위해 Ardublockly 

에서 블록명령 

을 그림 6.5와 같이 끌어다 놓는다.

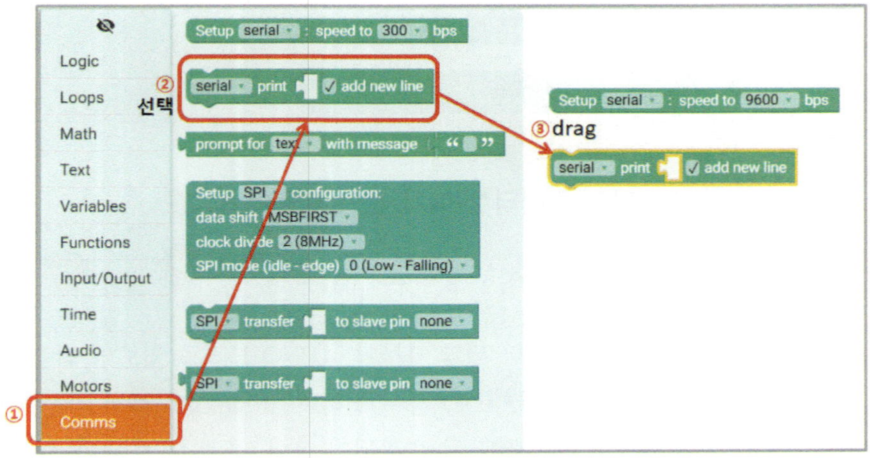

그림 6.5
시리얼 통신
전송속도 설정
블록명령

블록명령  은 아두이노 개발환경(IDE)의 시리얼 모니터 창에 문장을 출력한다. 출력하기 원하는 문장을 Ardublockly  에서 블록명령  을 이용하여  에 끼워 넣으면 그림 6.6과 같이 된다. 'Hello'라는 메시지를 전송하려면  과 같이 된다.

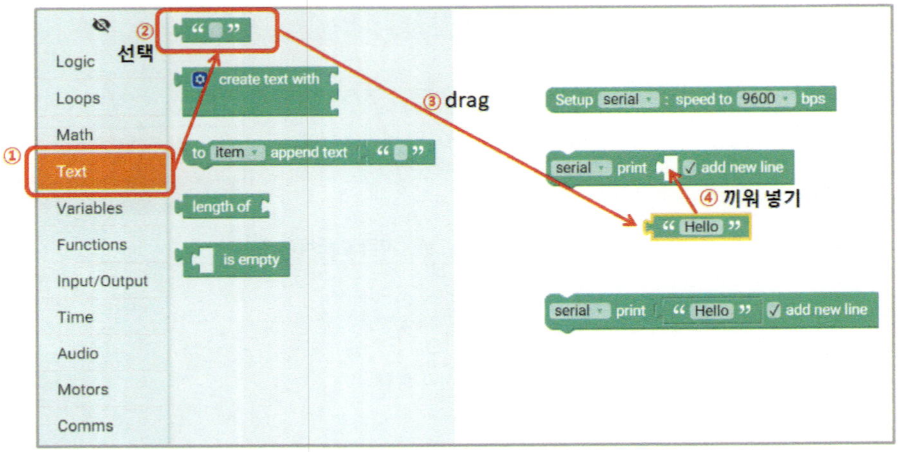

그림 6.6
문장 전송
블록명령

완성된 블록 프로그램은 그림 6.7과 같다.

그림 6.7
완성된 블록 프로그램

(3) 시리얼 모니터 창에서 출력 확인하기

Ardublockly의 작업창 윗부분에 있는  에서  을 클릭하면 작성된 프로그램이 컴파일 되고 아두이노 UNO 보드로 업로드 된다.  를 클릭하면 아두이노 개발환경(IDE) 창이 열리며 Ardublockly에서 작성한 블록 프로그램이 아두이노 스케치 코드로 변환되어 그림 6.8과 같이 나타난다. 다시 그림 6.8의 ④의 아두이노 개발환경(IDE) 창 윗부분의  를 클릭하면, ⑤와 같은 시리얼 모니터 창이 열린다. 아두이노 UNO로 업로드가 완료되면 시리얼 모니터에 Hello라는 문장이 ⑥과 같이 나타난다.

그림 6.8
완성된 블록 프로그램

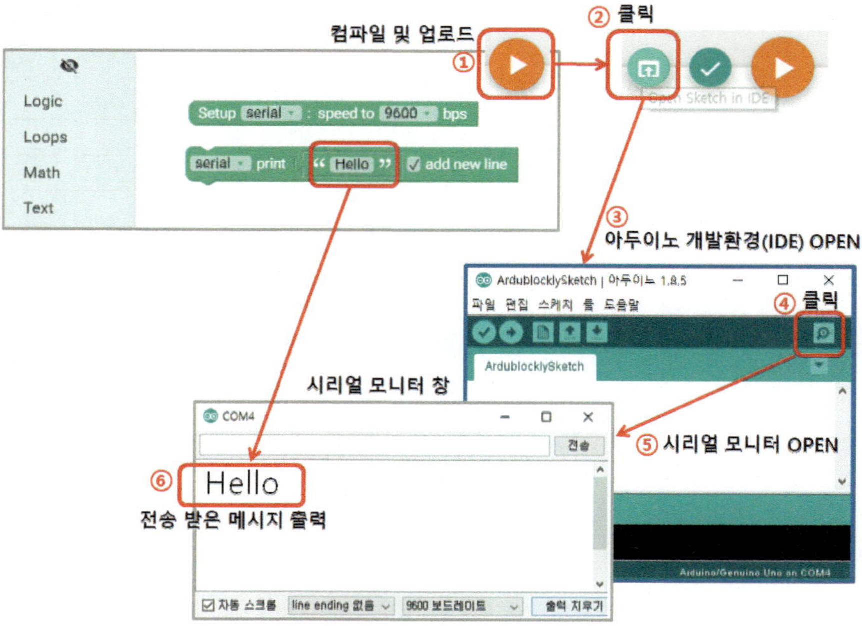

(4) 시리얼 모니터 창에서 문장 출력 연습하기

이 Hello라는 문장은 아두이노 UNO에서 시리얼 통으로 컴퓨터에 전송한 것이다. 확인과 연습을 위하여 다양한 문자를  에 입력하여 전송해 본다.

6.3 컴퓨터에서 아두이노 보드로 메시지 전송하기

앞의 6.2절과 반대로 컴퓨터에서 아두이노 UNO 보드로 문자 메시지를 보내고, 확인을 위하여 전송된 문자를 다시 컴퓨터의 시리얼 모니터에 나타내는 프로그램을 만들어 본다.

(1) 하드웨어 구성하기

컴퓨터와 아두이노 UNO 보드를 USB 케이블로 연결하고 Ardublockly를 실행시킨다.

(2) 시리얼 통신 블록 프로그램 작성하기

아두이노 UNO 보드와 컴퓨터의 시리얼 전송 속도를 맞추기 위하여 Ardublockly Comms 에서 6.2절과 같이 시리얼 전송속도를 9,600로 설정한다.

컴퓨터에서 아두이노 UNO 보드로 시리얼 통신을 통하여 메시지를 전송하기 위해 Ardublockly Comms 에서 블록명령 prompt for text with message " " 을 그림 6.9와 같이 끌어다 놓고, Ardublockly Variables 에서 변수 정의하는 명령블록 set k to 를 생성(3.3절의 변수 선언 참고)하여 그림 6.9와 같이 끼워 넣는다.

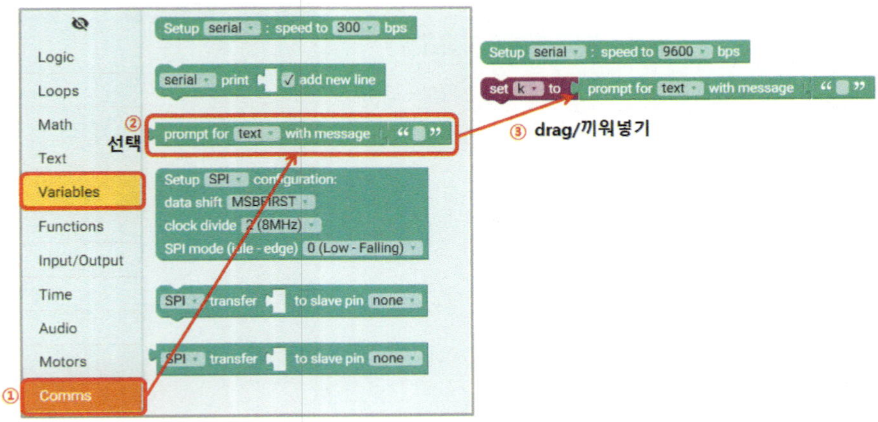

그림 6.9 시리얼 통신 전송속도 설정 블록명령

블록명령 serial print ✓add new line 은 아두이노 개발환경(IDE)의 시리얼 모니터 창에 문장을 출력한다. 컴퓨터로부터 전송받은 문장이 저장된 변수 k 를 serial print ✓add new line 에 끼워 넣어 serial print k ✓add new line 과 같이 만든다.

완성된 블록 프로그램은 그림 6.10과 같다.

그림 6.10
완성된 블록 프로그램

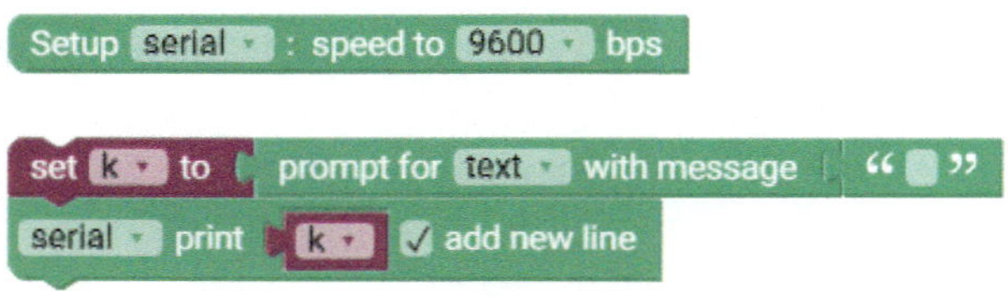

(3) 시리얼 통신 실행하기

블록 프로그램을 업로드하고 그림 6.11과 같이 컴퓨터의 아두이노 개발환경(IDE)에서 시리얼 모니터를 열고 입력창에 임의 문자를 입력하고 전송을 클릭하면, 시리얼 모니터 창에 입력한 문자 나타난다.

그림 6.11
완성된 블록 프로그램

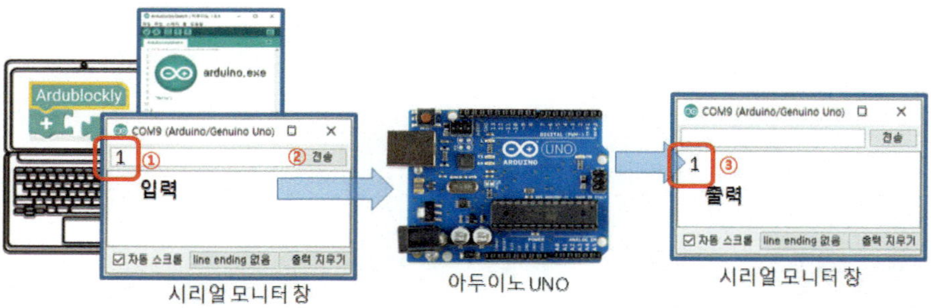

6.4 시리얼 통신으로 LED 제어하기

이제 컴퓨터에서 시리얼 통신을 통하여 아두이노 UNO 보드를 제어하여 보자. 먼저 그림 6.12와 같이 UNO 보드의 디지털 핀 #10~#13번에 LED 4개를 연결한다.

컴퓨터의 시리얼 모니터에서 시리얼 통신으로 '1, 2, 3, 4'를 아두이노 UNO 보드로 전송하면 아두이노 UNO 보드의 디지털입출력 핀 #10~#13에 연결된 LED가 ON이 되고, 1~4 이외의 다른 값이 입력되면 모든 LED가 OFF 되도록 한다.

그림 6.12
UNO 보드 디지털 핀 #10~#13번에 LED 연결

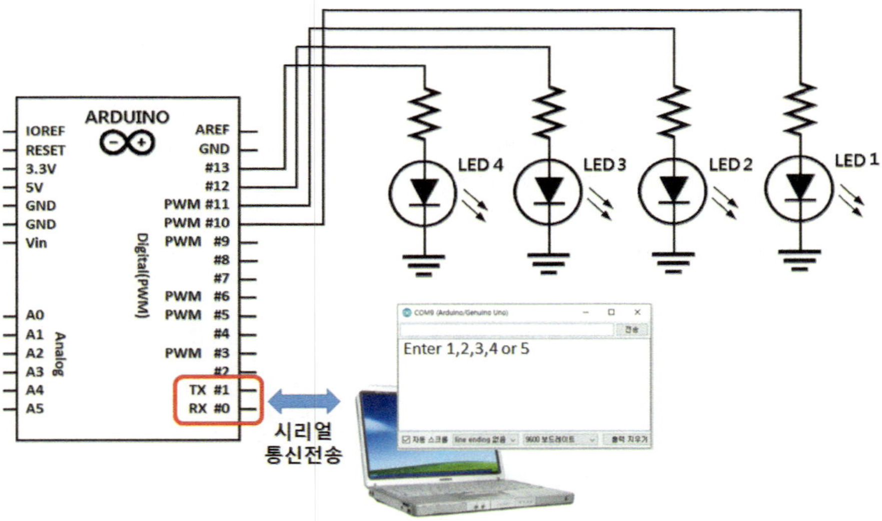

(1) 시리얼 통신 블록 프로그램 작성하기

아두이노 보드와 컴퓨터의 시리얼 전송 속도를 맞추기 위하여 Ardublockly 시리얼 통신 속도를 정의하는 명령블록 `Setup serial : speed to 300 bps` 으로 전송속도를 9,600으로 설정한다.

컴퓨터에서 아두이노 UNO 보드에로 시리얼 통신으로 메시지를 전송하기 위해 Ardublockly `Comms` 에서 블록명령 `prompt for text with message " "`

을 그림 9.7과 같이 끌어다 놓고, text 부분을 number로 수정하여 prompt for number with message " " 같이 만든다.

text로 설정하면 시리얼 통신으로 입력되는 값을 문자로 인식하며, number로 설정하면 시리얼 통신으로 입력되는 값을 숫자로 인식한다.

Ardublockly Variables 에서 변수 정의하는 명령블록 set k to 를 생성하여 prompt for number with message " " 를 끼워 넣는다.

컴퓨터의 시리얼 모니터에서 아두이노 UNO 보드로 전송된 값을 판별하여 제어하기 위하여 Ardublockly Logic 에서 판단 명령블록 if do 을 선택하여

if-else 구조인

형태로 확장한다.

set k to prompt for number with message " " 으로 생성된 k값으로 판단조건 k = 1 ~ k = 4 를 만들어 if-else 구조의 판단을 결합하여 그림 6.13과 같이 판단구조를 만든다.

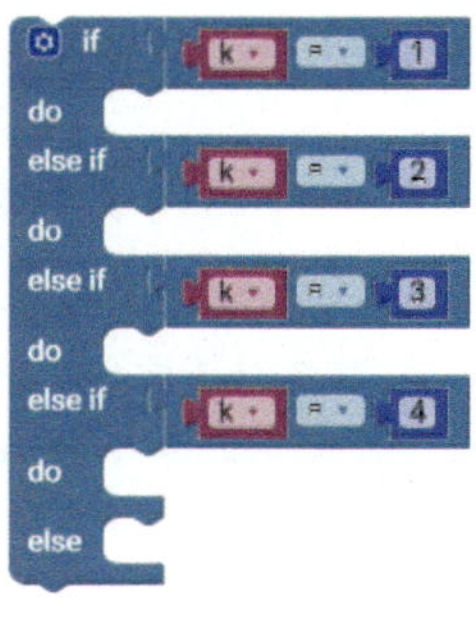

그림 6.13 k값에 따라 4가지 상태를 판단하는 구조

시리얼 통신을 통하여 입력된 값의 판단 결과에 따라 아두이노 디지털 핀 #10~#13의 출력을 set digitial pin# 10 to HIGH 나 set digitial pin# 10 to LOW 을 이용하여 LED가 ON 또는 OFF되도록 그림 6.14와 같이 만든다.

추가적으로 컴퓨터의 시리얼 모니터에서 사용자가 선택할 입력 값을 알려주기 위하여 앞의 예제 12를 활용하여 

를 추가한다.

(2) 완성된 블록 프로그램

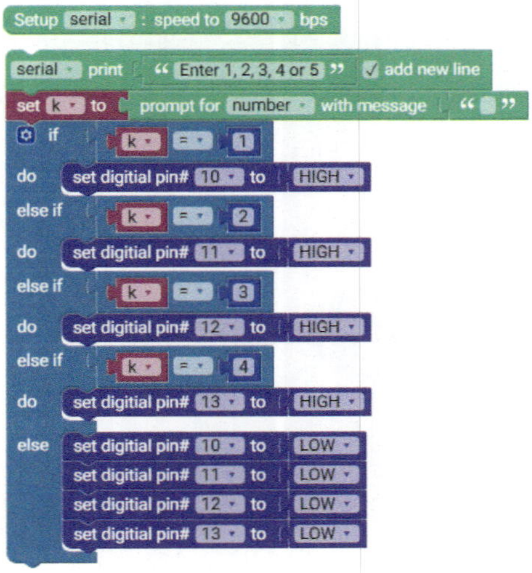

그림 6.14 완성된 블록 프로그램

(3) 실행하기

블록 프로그램을 업로드하고 그림 6.15의 방법으로 컴퓨터의 아두이노 개발환경(IDE)에서 시리얼 모니터를 열고 입력창에 1, 2, 3, 4 또는 5를 입력하고 전송을 클릭한다.

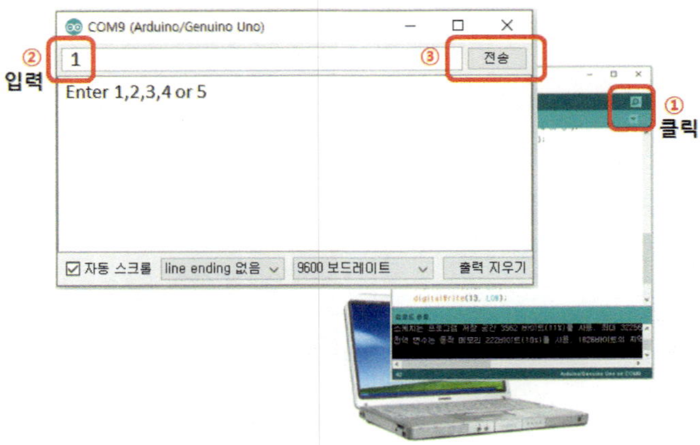

그림 6.15 시리얼 모니터를 이용한 제어입력

6.5 시리얼 통신으로 피에조 소리내기

이번엔 컴퓨터에서 시리얼 통신으로 그림 6.16과 같이 아두이노 보드에 연결된 피에조를 제어하여 보자.

컴퓨터의 시리얼 모니터에서 시리얼 통신으로 '도레미파솔라시'에 해당하는 'C, D, E, F, G, A'를 아두이노 UNO 보드로 전송하여 아두이노 UNO 보드의 디지털 핀 #7에 연결된 피에조에서 소리가 나도록 한다.

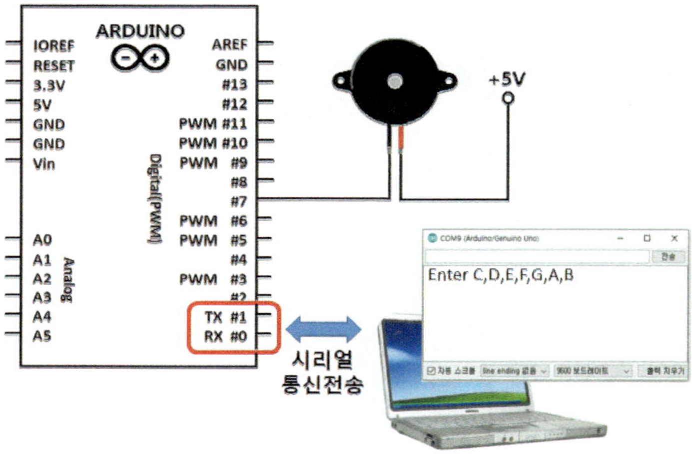

그림 6.16 UNO 보드 디지털 핀 #7번에 피에조 연결

(1) 시리얼 통신 블록 프로그램 작성하기

6.4절과 같이 아두이노 UNO 보드와 컴퓨터의 시리얼 전송 속도를 맞추기 위하여 Ardublockly서 시리얼 통신 전송속도를 9,600으로 설정한다.

컴퓨터에서 아두이노 UNO 보드에로 시리얼 통신으로 메시지를 전송하기 위해 Ardublocky Comms 에서 블록명령 prompt for text with message " " 을 그림 9.7과 같이 끌어다 놓는다.

Ardublockly Variables 에서 변수 정의하는 명령블록 set k to 를 생성하여 prompt for text with message " " 를 6.3절의 그림 6.9와 같이 끼워 넣는다.

컴퓨터의 시리얼 모니터에서 아두이노 UNO 보드로 전송되는 "도, 레, 미, 파, 솔, 라, 시, 도(C, D, E, F, G, A, B)"를 판별하여 제어하기 위하여 Ardublockly 

에서 판단 명령블록 

을 선택하여 if-else 구조인 

형태로 7개의 판단이 가능하도록 확장한다.

시리얼 모니터를 통하여 입력된 문자를 

으로 생성된 k값으로 C, D, E, F, G, A, B를 판단하여 "도, 레, 미, 파, 솔, 라, 시"에 해당하는 주파수를 피에조가 연결된 UNO 디지털 핀 #7으로 출력되도록 그림 6.17과 같이 구성한다. 여기서 A, B, C, D, E, F, G 이외의 문자가 전송되면 소리 발생을 멈추게 하였다.

그림 6.17 k값에 따라 도레미파솔라시(CDEFGAB)의 값을 판단하는 구조

(2) 아두이노 setup( )함수 활용

추가적으로 컴퓨터의 시리얼 모니터에서 사용자가 선택할 입력 값을 알려주기 위하여 앞의 6.4절의 예제에서 

를 추

가하였던 것처럼 serial print " Enter C,D,E,F,G,A,B " add new line 를 사용하여 시리얼 모니터에 나타나게 하여 보자.

앞의 6.4절의 예제에서 'Enter 1, 2, 3, 4 or 5'가 시리얼 모니터에 그림 6.18과 같이 반복적으로 나타난다.

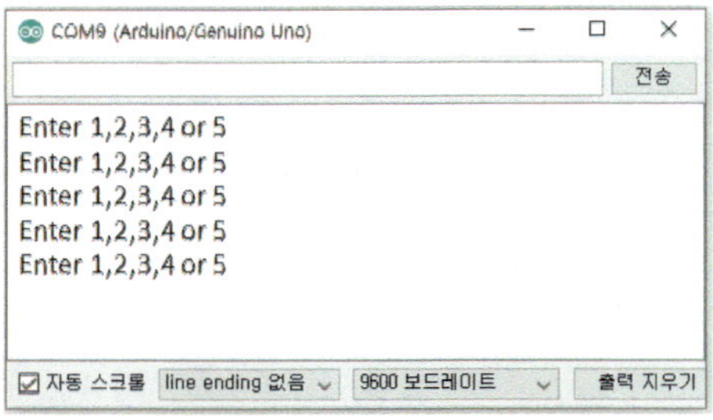

그림 6.18 반복적으로 나타나는 시리얼 모니터의 출력

입력을 요청하는 메시지가 반복되지 않고 처음 실행될 때 1번만 출력하게 하려면 그림 6.19과 같이 Functions 의 Arduino run first: Arduino loop forever: 을 사용하면 된다.

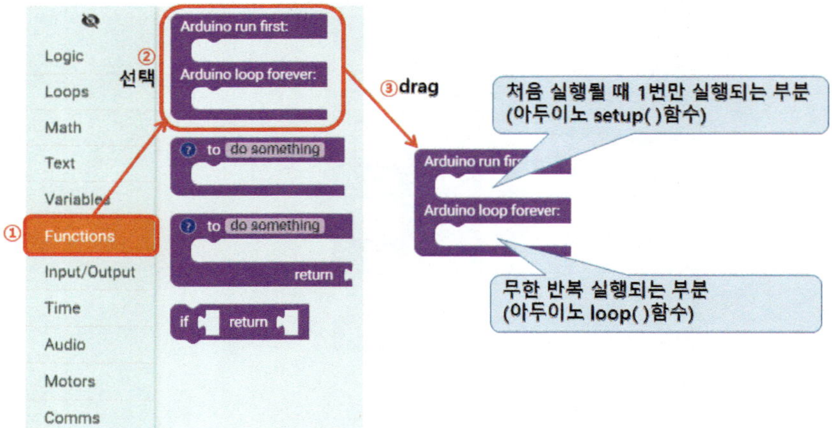

그림 6.19 아두이노 setup( ) 함수 사용

Functions 의 Arduino run first: Arduino loop forever: 는 초기값의 설정처럼 반복하지 않고 처음 프로그램이 실행될 때 1번만 실행할 필요가 있는 블록 프로그램을 작성하는 부분이다.

완성된 블록 프로그램은 그림 6.20과 같다.

그림 6.20
완성된 블록 프로그램

(3) 실행하기

블록 프로그램을 업로드하고 그림 6.21의 방법으로 컴퓨터의 아두이노 개발환경(IDE)에서 시리얼 모니터를 열고 입력창에 A, B, C, D, E, F, G 또는 다른 문자를 입력하고 전송을 클릭한다.

이때, 시리얼 모니터 창의 아래에서 그림 6.21처럼 'line ending 없음' 대신 '새줄'을 선택한다.

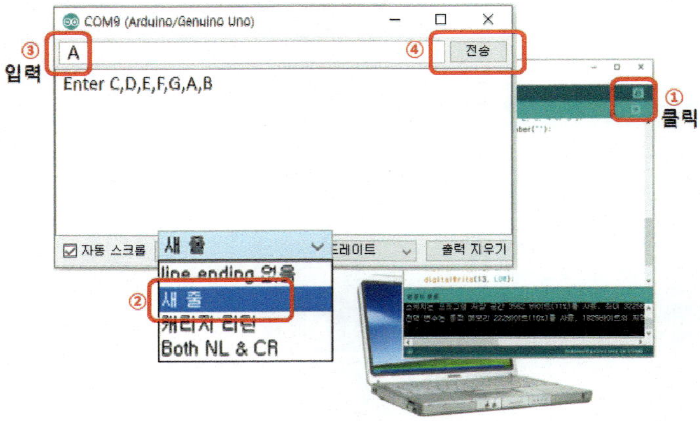

그림 6.21
시리얼 모니터를 이용한 피에조 연주

CHAPTER

07

센서 활용하기

4장에서 아두이노 보드에서 버튼 스위치를 통하여 ON/OFF 정보를 받아들이고 활용하는 방법을 학습하였다. 이제 아두이노 보드에 센서를 연결하고 정보를 받아들여 Ardublockly로 제어하는 프로그래밍 방법을 학습해 본다.

센서는 우리 주변의 다양한 정보를 수집하여 아두이노 보드와 같은 컴퓨터 제어 시스템에서 활용하거나 제어를 위한 정보로 사용할 수 있게 해준다.

빛의 유무나 밝기, 온도나 습도, 가스, 흑백이나 칼라의 구분, 가스나 일산화탄소, 소리 등에 수집하는 정보의 형태에 따라 센서의 유형도 달라진다. 측정하기 원하는 대상에 따라 사용하는 센서도 매우 다양하다.

그런데 센서를 통하여 얻어지는 정보의 종류에 따라 디지털 정보나 아날로그 정보로 나누어진다. 예를 들면 빛 센서나 온도센서 등은 저항 값의 변화로 정보가 얻어지기 때문에 가변저항을 사용하는 것처럼 아날로그 형태의 정보로 제공되지만, 최근의 초음파 거리측정 센서 등은 디지털 정보를 제공한다.

7.1 가변저항으로 LED 제어하기

실제 환경에서 대부분의 현상은 연속적인 변화를 갖는 아날로그적 특성을 가지고 있다. 아두이노 UNO 보드는 아날로그 입력 핀을 사용하여 가변저항(VR)이나 온도센서, 빛 센서, 초음파 센서 등의 연속적으로 변하는 아날로그 신호를 받아들여 A/D변환(Analog to Digital Conversion)하여 0~1023 범위의 값으로 읽어들일 수 있는 기능을 제공한다.

아두이노 UNO보드는 그림 7.1과 같이 A0~A5의 6개 아날로그 입력 핀을 가지고 있다.

그림 7.1
UNO보드의 아날로그 입력

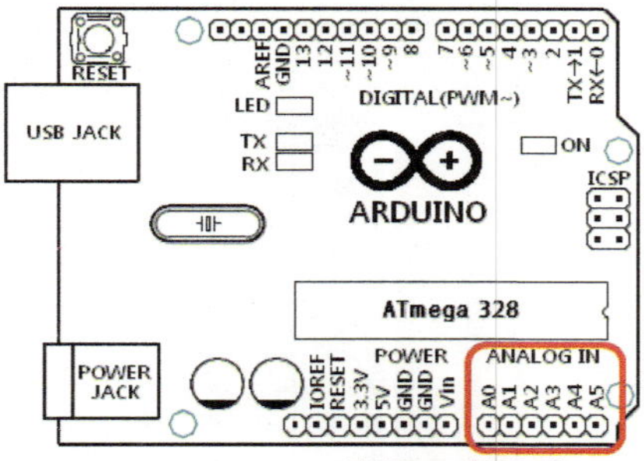

아날로그 입력 핀 : UNO 보드 6개

이 장에서는 3장에서 배운 아두이노 UNO 보드의 디지털 입력이나 아날로그 입력 신호를 받아들이고 처리하는 방법과 6장의 시리얼 모니터를 활용하여 다양한 센서 신호를 처리하는 방법을 배운다.

(1) 하드웨어 구성

대부분의 센서들의 정보는 아날로그 신호 형태로 제공된다. 이러한 아날로그 센서 입력의 변화를 실험하기 위하여 가변저항을 사용하면 아날로그 신호를 쉽게 변화시키며 실습할 수 있다.

그림 7.2와 같이 가변저항(VR)을 +5V와 접지 사이에 연결하고 변화 값이 아두이노 아날로그 입력핀 A2를 통하여 입력되도록 구성한다. 가변저항의 볼륨단자를 오른 쪽이나 왼쪽으로 돌리면 0~+5V 사이의 임의의 전압값이 A2로 입력된다. 아두이노 아날로그 핀은 이 0~+5V 사이의 전압 값을 1024구간으로 ADC (Analog to Digital Conversion)를 통하여 0~1023의 디지털 값으로 받아들인다.

또한 A2를 통하여 입력된 값에 따라 LED의 밝기를 변화시키기 위하여 PWM 출력을 제공하는 디지털 핀 10번에 LED를 연결한다.

그림 7.2
가변저항(VR)로
LED 밝기 조절

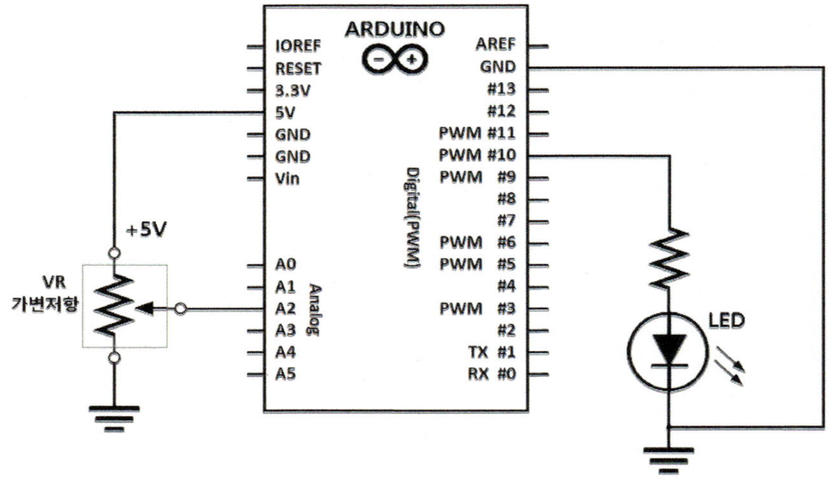

(2) 변수로 아날로그 값 읽기

Ardublockly Variables 에서 변수정의 명령블록 set k to 를 생성하고, Ardublockly Input/Output 에서 아날로그 입력 명령블록 read analog pin# A0 을 선택하여 A0를 A2로 수정하여 set k to 에 그림 7.3과 같이 끼워 넣는다.

그림 7.3
아날로그 입력
블록명령

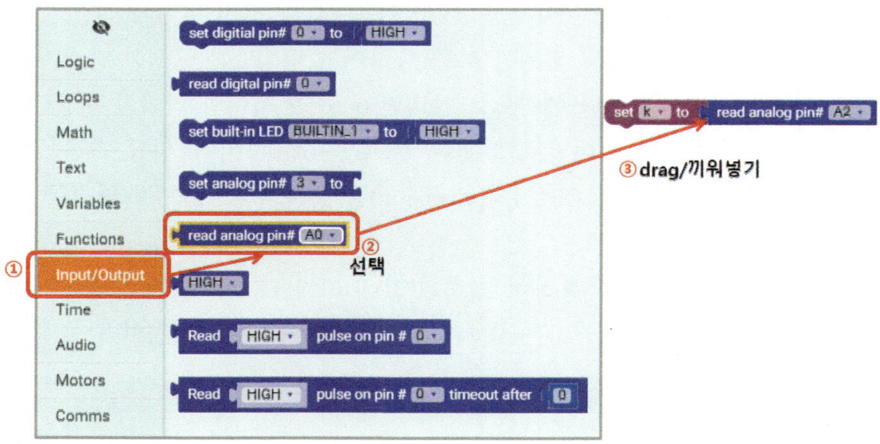

(3) 아날로그 출력(PWM 출력) 내보내기

아날로그 출력 명령블록 set analog pin# 10 to 의 PWM 출력값에 아날로그 입력으로 받은 변수 k 를 set analog pin# 10 to k 과 같이 끼워 넣는다.

완성된 블록 프로그램은 그림 7.4와 같다.

그림 7.4
완성된 블록

그림 7.2의 가변저항(VR)의 볼륨단자를 왼쪽 끝에서 오른쪽 끝까지 천천히 돌리면 UNO의 #10에 연결된 LED의 밝기가 변화하는 것을 확인할 수 있다.

(4) 입력 데이터 변위 조정하기

블록 프로그램 그림 7.4를 실행시키고 가변저항(VR)의 볼륨단자를 왼쪽 끝에서 오른쪽 끝까지 천천히 돌리면 LED는 4번 꺼진 상태에서 최대 밝기 상태가 반복된다. 이것은 가변저항을 변화시키면 set k to read analog pin# A2 에 의하여 UNO보드의 A2로 입력된 정보의 범위는 0~1023이지만, LED가 연결된 디지털 핀 #10으로 PWM를 출력하는 set analog pin# 10 to k 의 범위는 0~255이기 때문이다.

아날로그 입력의 범위와 PWM출력의 변위가 서로 비례하도록 데이터 맵핑(data mapping)을 하면, 가변저항의 변위에 따라 밝기 조절이 가능하게 할 수 있다.

Ardublockly Math 에서 맵핑 명령블록 Map value to [0-] 를 사용하여 Map k value to [0- 255] 와 같이 set k to read analog pin# A2 의 범위 0~1023을 0~255로 설정하고 새로운 변수 set i to 에 끼워 넣어 그림 7.5와 같이 만든다.

그림 7.5

맵핑 블록 명령어

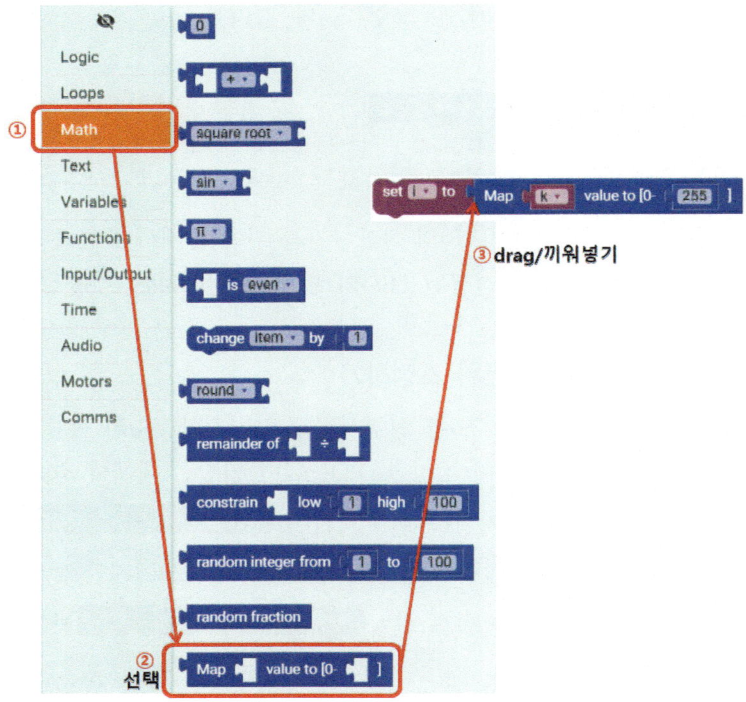

(5) 맵핑이 적용된 블록 프로그램

그림 7.6

맵핑이 적용된 블록 프로그램

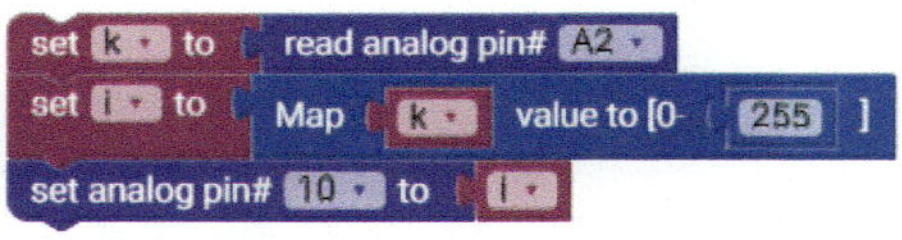

(6) 시리얼 모니터를 활용한 맵핑이 적용된 블록 프로그램

가변저항 값의 변화를 시리얼 모니터에 %값으로 나타내어 보자.

의 범위를

를 이용하여 0~100으로 설정하고 새로운 변수에 끼워 넣어 그림 7.7과 같이 만든다.

그림 7.7
시리얼 모니터 활용

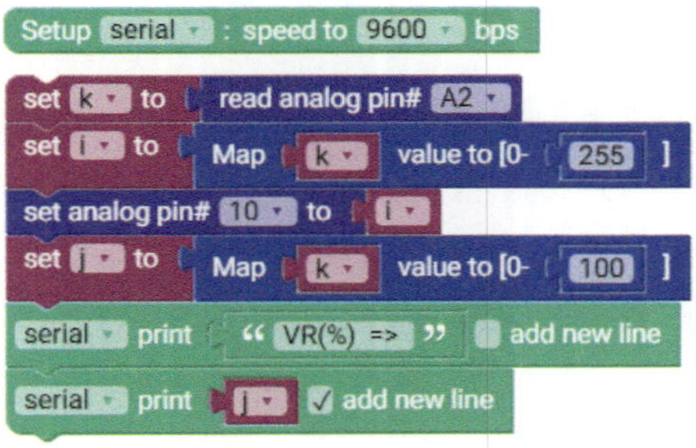

그림 7.8
가변저항 %값의 시리얼 모니터 출력

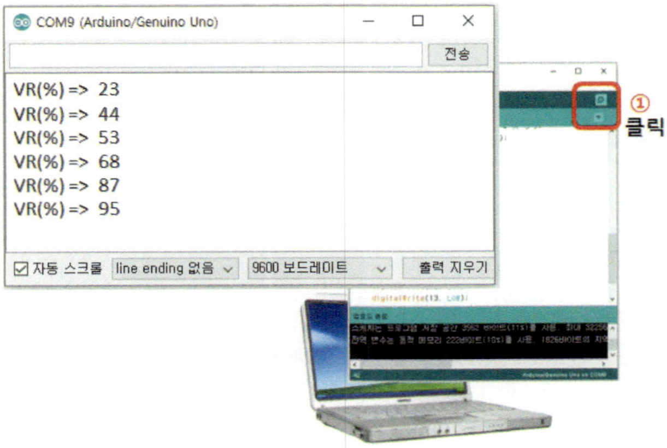

7.2 빛 센서로 LED 밝기 조정하기

몇몇 디지털 초음파 센서를 제외한 빛 센서, 온도센서, 가스센서, 압력센서, PSD센서 등과 같은 대부분의 센서들은 이러한 아날로그 정보를 발생시킨다.

아날로그 센서 정보를 받아들여 활용하는 방법은 기본적으로 5.2절에서 가변저항을 사용한 방법과 유사하다.

CdS(황화카드뮴) 센서는 빛 밝기 검출하는 조도센서로 가장 많이 사용되는 대표적인 아날로그 정보를 제공하는 센서이다.

그림 7.9
조도검출 CdS 센서

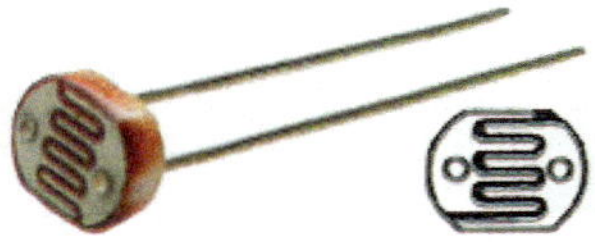

CdS 센서는 검출한 빛의 밝기에 따라 아날로그 정보를 생성한다. 입력된 빛의 양에 따라 전도율이 변하여 내부 저항 값이 달라지는데 빛의 양이 많아질수록 전도율이 높아져 저항이 낮아지기 때문이다. 그러므로 가변저항을 조절하여 얻어지는 아날로그 정보와 유사하다.

가변저항에서 얻어지는 아날로그 정보로 LED의 밝기를 조절한 것처럼 CdS 센서를 사용하여 빛의 세기에 따라 LED의 밝기를 조절해 보자.

(1) 회로 구성

그림 7.10와 같이 CdS를 +5V와 아두이노 아날로그 입력핀 A2 사이에 연결하고 저항으로 풀다운(pull down) 시키면, CdS에 입력되는 빛의 밝기에 따라 임의의 전압 값이 A2로 입력된다. 앞의 가변저항을 사용한 예와 같이 아두이노 아날로그 핀은 이 0~+5V 사이의 전압 값을 1024구간으로 ADC(Analog to Digital Conversion)를 통하여 0~1023의 디지털 값으로 입력된다.

또한 A2를 통하여 입력된 값에 따라 LED의 밝기를 변화시키기 위하여 PWM 출력을 제공하는 디지털 핀 #10번에 LED를 연결한다.

그림 7.10
CdS 센서와 LED 연결

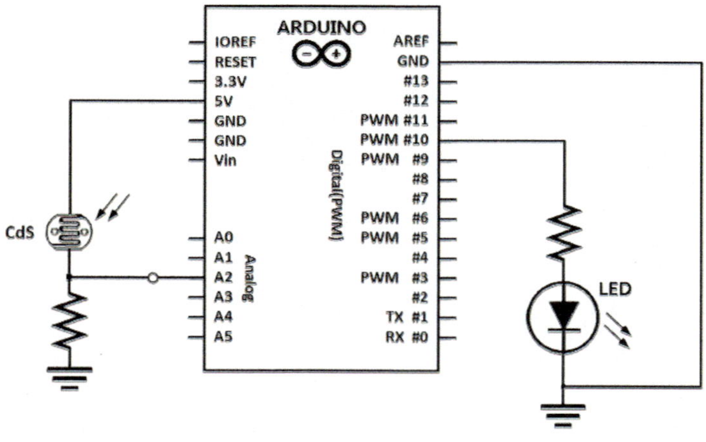

(2) 블록 프로그램 만들기

블록 프로그램의 구성은 앞의 가변저항 입력의 예와 동일하게 사용된다.

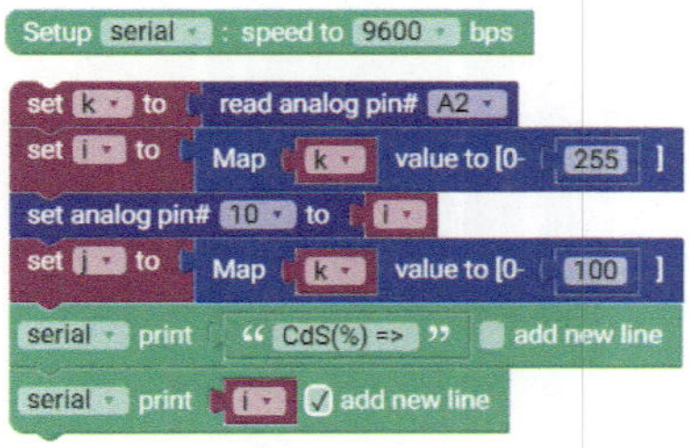

그림 7.11 시리얼 모니터 활용

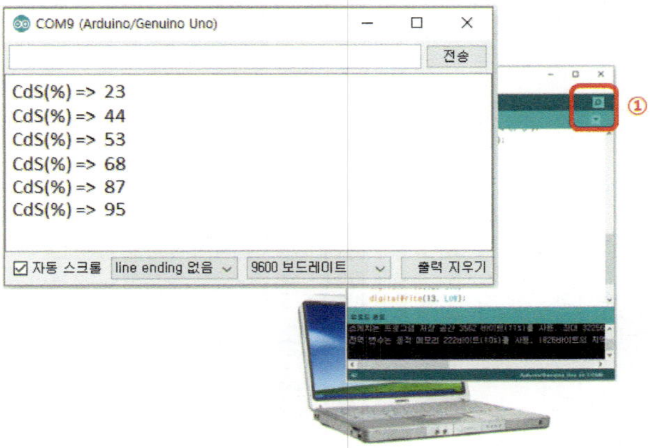

그림 7.12 CdS %값의 시리얼 모니터 출력

7.3 온도 센서 활용하기

온도센서는 일반적으로 pn접합 반도체의 전류와 온도변화의 특성을 이용하여 아날로그 정보로 얻어지므로 기본적으로 조도센서 처럼 가변저항을 사용한 방법과 유사하다.

온도센서로 많이 사용되는 LM35는 1℃당 10mV의 전압을 온도에 비례하게 출력한다. 예를 들어 LM35의 측정전압이 0.25V라면, 현재 온도는 25℃이다.

그림 7.13
온도 센서(LM35)

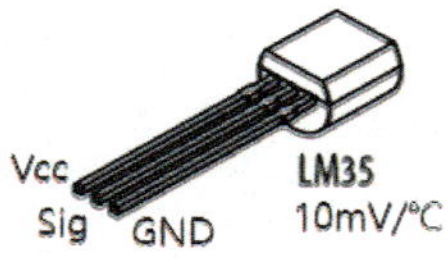

가변저항과 CdS에서 얻어지는 아날로그 정보로 LED의 밝기를 조절한 것처럼 온도센서 LM35를 사용하여 빛의 세기에 따라 LED의 밝기를 조절해 보자.

(1) 회로 구성

아두이노 UNO 보드의 A1 포트에 그림 6.13과 같이 LM35를 연결하고, 아날로그 출력(PWM 출력)이 가능한 #10 포트에는 LED를 연결한다. CdS를 실험한 6.12에서 CdS 대신에 LM35S를 연결한다. LM35는 극성이 있으므로 주의하여 연결한다.

그림 7.14
온도 센서(LM35) 연결

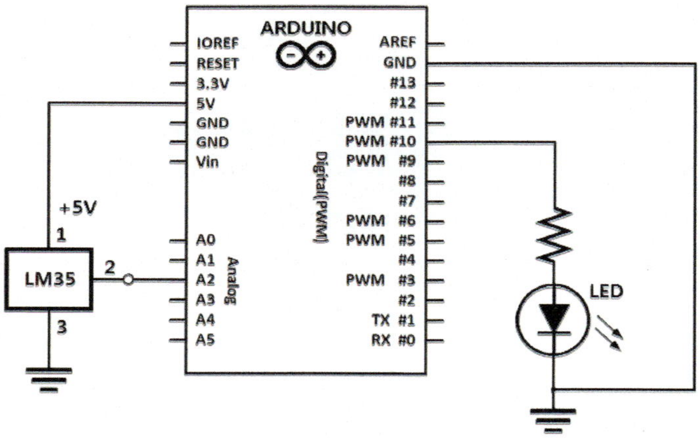

변수로 아날로그 값 읽거나 아날로그 출력(PWM 출력) 내보내는 방법 등 사용하는 블록 프로그램은 동일하며, 앞 절의 블록 프로그램 7.11을 사용한다.

(2) 온도로 표현하기

그런데 온도는 36.7℃ 등과 같은 표준 값이 있으므로 LM35로 측정된 값을 온도로 나타낼 필요가 있다. LM35로 측정된 값을 그림 7.15와 같은 공식을 이용하여 표현할 수 있다.

그림 7.15
온도 값(℃) 표현 방법

```
sensor=analogRead(A2);
Sensor_mV=(sensor * 5000)/1024;
celsius = sensor_mV/10
```

(3) 완성된 블록 프로그램

앞의 온도 변환공식을 적용한 블록 프로그램은 그림 7.16과 같다.

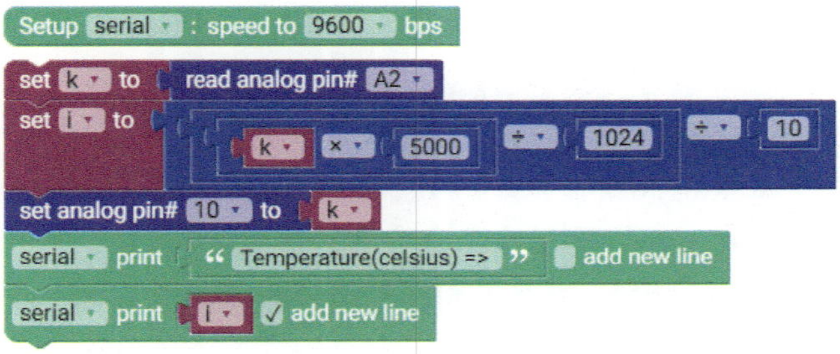

그림 7.16
온도 센서

현재의 온도를 기준으로 체온 등을 측정하고, LED의 변화만으로는 확인하기 어려우므로 시리얼 모니터에 그 값을 나타내면 그림 7.17과 같다.

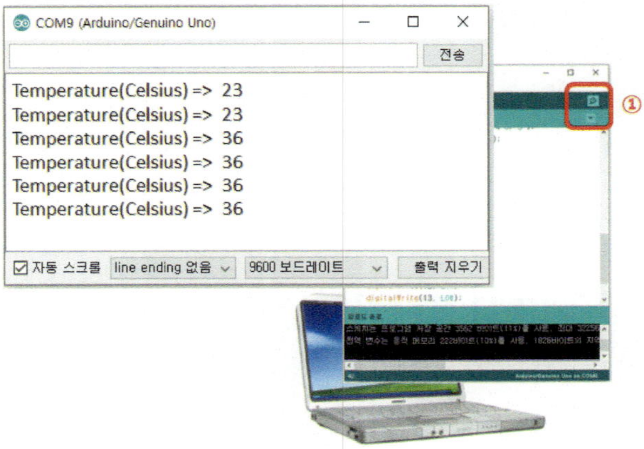

그림 7.17
CdS %값의 시리얼 모니터 출력

(4) 다양한 아날로그 센서의 활용

CdS 센서나 LM35의 경우처럼 빛, 온도, 소리, 압력 등이 물리적인 측정값이 내부 저항을 변화시켜 측정 정보를 발생하는 센서들은 가변저항을 사용하는 방법과 유사하다. 그러므로 가변저항 VR을 대상으로 정보를 얻는 회로나 프로그램도 유사하다. 단지 각 센서 정보에 맞도록 맵핑하는 과정이 필요할 뿐이다.

7.4 초음파 거리측정 센서 활용하기

거리를 측정하는 센서로 초음파 센서(Ultrasonic Sensor)가 일반적으로 사용되며, 초음파 센서의 측정 범위는 약 3~400cm 정도이다. 특히 디지털 타입 초음파 센서는 트리거(Trig)를 통하여 초음파 펄스를 발생시키고 에코(Echo)로 물체나 장애물에 반사되어 오는 펄스로 시간을 측정하여 거리를 계산할 수 있어 편리하다.

그림 7.18의 디지털 타입의 초음파 센서 HC-SR04가 일반적으로 많이 사용된다.

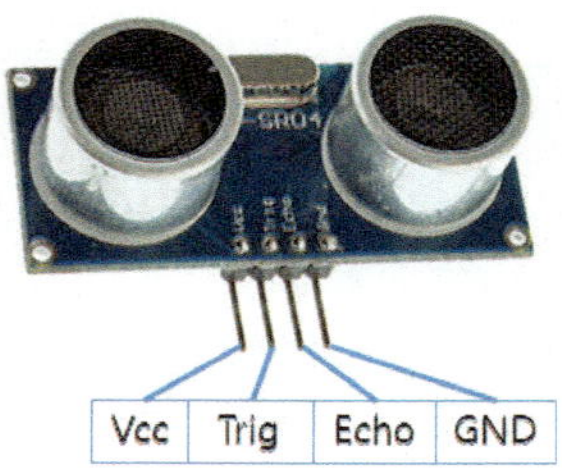

그림 7.18 초음파 센서(HC-SR04)

(1) 초음파 센서의 원리

초음파 센서는 그림 7.19의 원리로 초음파 펄스를 발생시켜 물체나 장애물에 반사되어 오는 시간을 측정하여 거리를 측정한다.

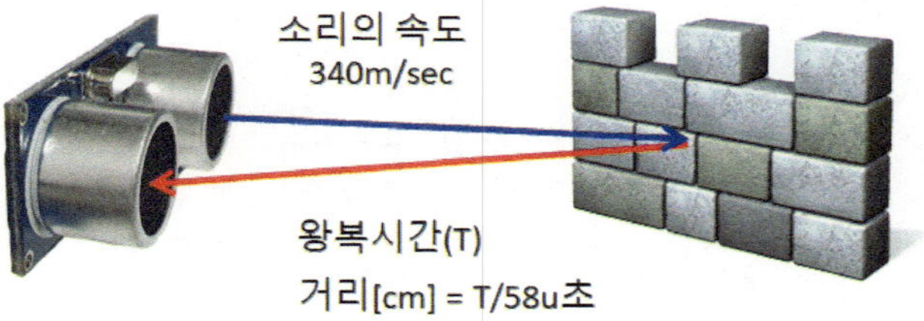

그림 7.19
초음파 센서의 원리

소리의 속도는 340m/sec이므로 1cm를 가는데 약 29.4μsec가 걸린다. 그림 7.19와 같은 초음파 센서는 그림 7.20의 ①~④ 과정을 거쳐 Echo 펄스가 생성하고 pulseIn( )함수를 통해 시간을 측정한다. 이 측정된 시간을 거리 d[cm]로 환산하기 위하여 다음과 같은 식을 적용한다. 측정된 시간은 왕복한 시간이므로 1/2 하여 적용한다.

$$\text{거리} : d = \frac{T}{2} \times \frac{340}{1,000,000} \times 100\,[\mathrm{cm}]$$

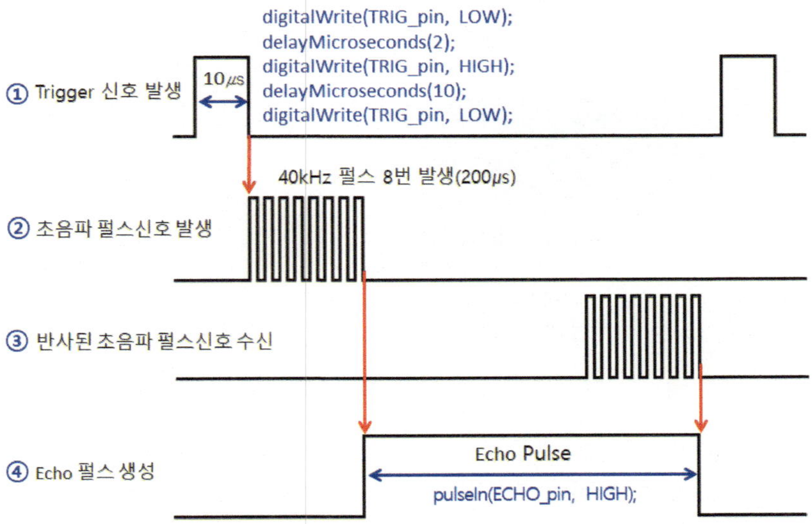

그림 7.20
초음파 센서를 이용한 거리 측정

(2) 초음파 센서로 거리 측정

실습을 위하여 아두이노 UNO 보드와 USB 케이블로 컴퓨터를 연결하고, 초음파 센서 HC-SR04의 트리거(Trig)와 에코(Echo) 핀을 디지털 핀 #9과 #8에 각각 그림 7.21과 같이 연결한다. 초음파 센서를 통하여 측정된 거리를 시리얼 모니터를 통하여 출력하여 본다.

그림 7.21
UNO와 초음파 센서 연결

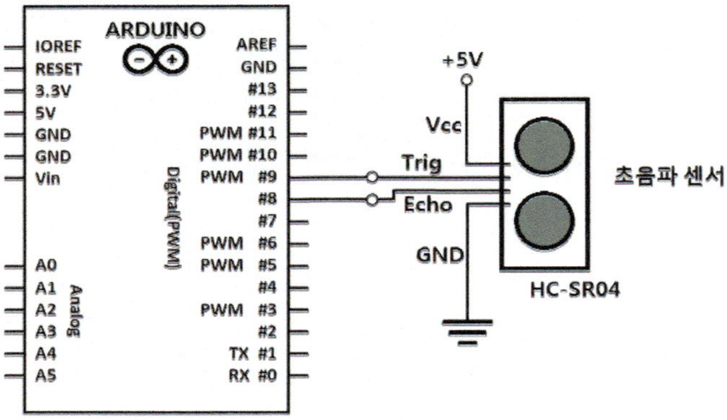

(3) 거리 측정

초음파 센서의 트리거(Trig) 핀을 연결하기 위하여 Ardublockly Input/Output 에서 디지털 출력 명령블록으로 set digitial pin# 9 to 을 만들고, Time 에서 마이크로초 단위의 시간지연 명령블록 wait 100 microseconds 으로 그림 7.22와 같이 10μsec의 트리거 신호를 만든다.

그림 7.22
10μsec의 트리거 신호 발생

초음파 센서의 에코(Echo) 핀으로 입력을 받기 위하여 Ardublockly Input/Output 에서 디지털 입력 명령블록으로 Read HIGH pulse on pin # 8 을 만들고, 거리 d를 계산하는 앞의 식을 블록명령으로 만들어 set d to 에 그림 7.23과 같이 끼워 넣는다. 이때 계산결과를 정수로 적용하기 때문에 곱셈을 먼저하고 나눗셈을 나중에 하도록 해야 한다.

그림 7.23
거리 계산

$$d = \frac{T}{2} \times \frac{340}{1,000,000} \times 100 \div 2$$

$$d = T \times 340 \times 100 \div 1,000,000 \div 2$$

(4) 완성된 블록 프로그램

초음파 센서를 통하여 측정된 거리를 1초 간격으로 측정하여 시리얼 모니터로 출력하는 완성된 블록 프로그램은 그림 7.24와 같다.

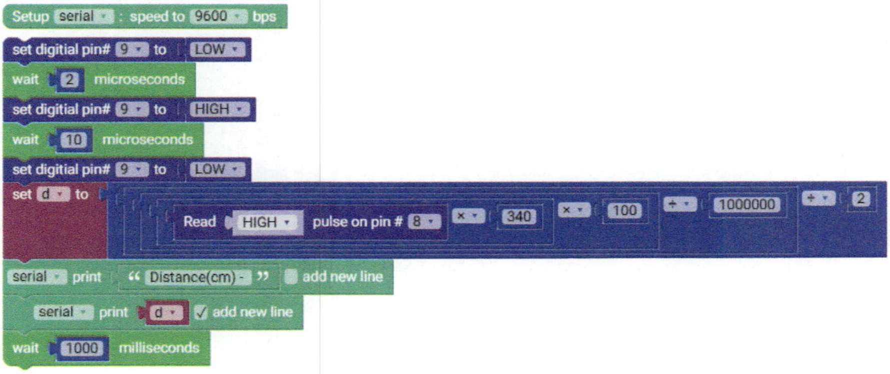

그림 7.24
완성된 거리 측정 블록 프로그램

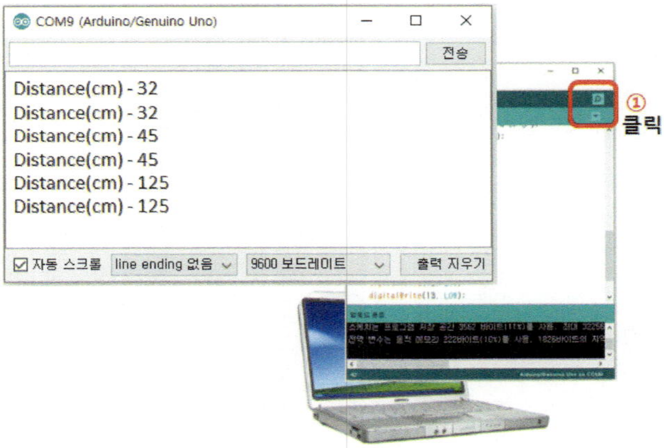

그림 7.25
측정된 거리의 시리얼 모니터 출력

CHAPTER

08 센서 응용하기

7장에서 아두이노 보드에서 센서 정보를 받아들여 처리하는 방법을 학습하였다. 이제 아두이노 보드O에 센서를 연결하고 정보를 받아들여 LED나 피에조 등을 제어하는 프로그래밍 방법을 학습해본다.

8.1 가변저항으로 LED 제어하기

7장에서 설명한 것처럼 대부분의 센서들은 아날로그적 특성을 가지고 있어서 가변저항(VR)의 동작으로 이해하면 편리하다. 그러므로 먼저 가변저항의 값을 받아들여 값에 따라 4개 LED를 켜보자.

가변저항(VR) 값을 0~100%로 나누어 앞의 7.1절 예제와 다르게 그림 8.1과 같이 가변저항 값의 범위에 따라 LED가 켜지는 개수를 조종하여 보자. 또한 시리얼 모니터를 사용하여 가변저항의 값을 확인할 수 있게 한다.

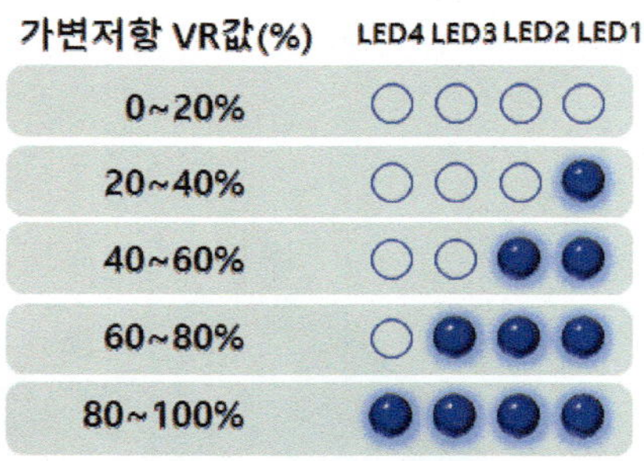

그림 8.1 가변저항에 따라 LED 켜기

(1) 하드웨어 구성

그림 8.2와 같이 UNO보드의 A2에 가변저항을 연결하고, 디지털 핀 #10~13에 4개의 LED1~LED4를 각각 연결한다.

그림 8.2
가변저항(VR)과 4개 LED제어연결

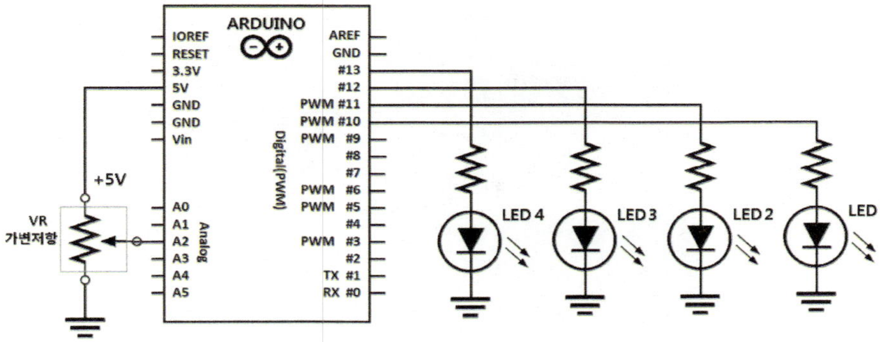

(2) 블록 프로그램 작성

Ardublockly `Variables` 에서 변수정의 명령블록 `set k to` 를 생성하고, 앞의 그림 7.3과 같이 아날로그 입력 명령블록 `read analog pin# A0` 을 선택하여 A0를 A2로 수정하여 `set k to` 에 끼워 넣는다.

`set j to Map k value to [0- 100 ]` 를 이용하여 가변저항의 값을 0~100% 사이의 값으로 받아들인다.

입력된 가변저항의 값에 따라 LED가 켜지도록 `Logic` 에서 판단 명령블록 `if do` 을 선택하여 if-else 구조인 `if do else if do else` 형태로 4개의 판단이 가능하도록 확장한다.

완성된 블록 프로그램은 그림 8.3과 같다.
그림 8.3의 LED가 켜지는 부분을 함수로 만들어 적용하면 그림 8.4와 같이 만들 수 있으며, 이 함수 부분을 다양하게 구성하면 가변저항의 값에 따라 각기 다른 기능을 구현할 수 있다.

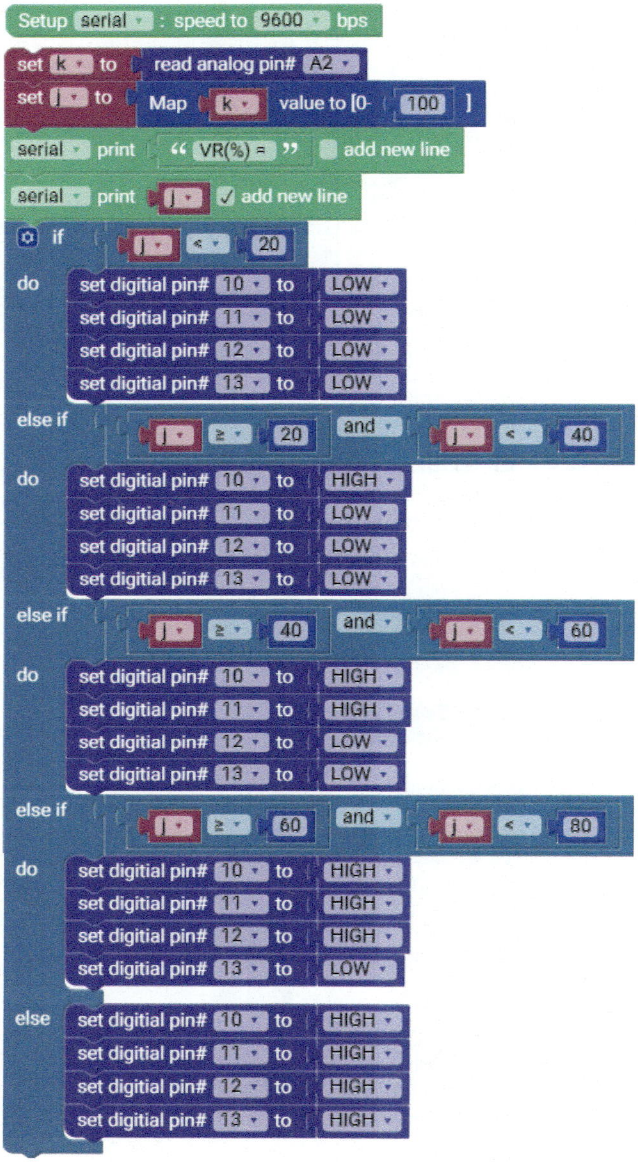

그림 8.3
완성된 블록 프로그램

그림 8.4
가변저항 %값의 시리얼 모니터 출력

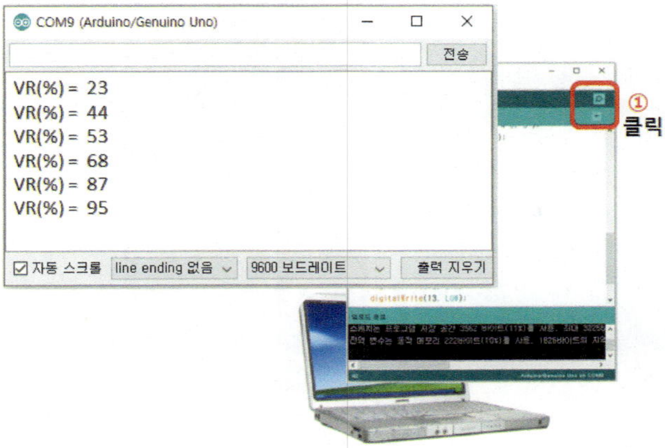

(3) 함수를 활용한 블록 프로그램

그림 8.5
함수를 활용한 완성된 블록 프로그램

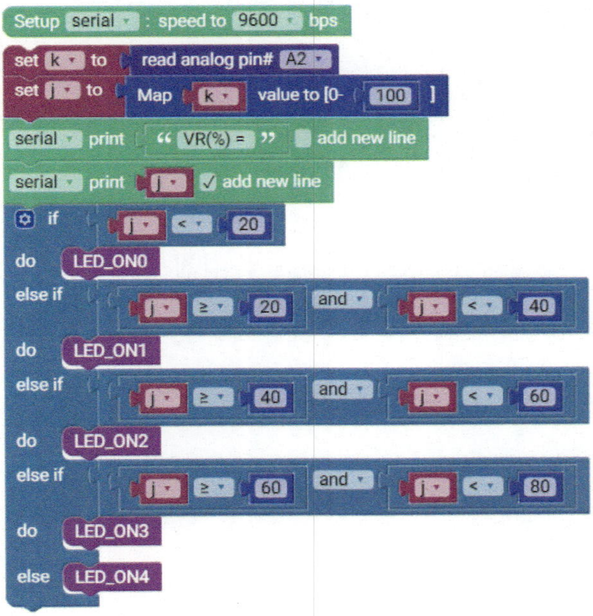

그림 8.6
조건에 따른 LED 함수

8.2 빛 센서로 LED 밝기 조정하기

앞의 8.1절을 응용하여 가변저항 대신 빛 감지 센서인 CdS의 값을 받아들여 밝기 값에 따라 그림 8.7과 같이 4개 LED를 켜보자.

그림 8.7
CdS값에 따라 LED 켜기

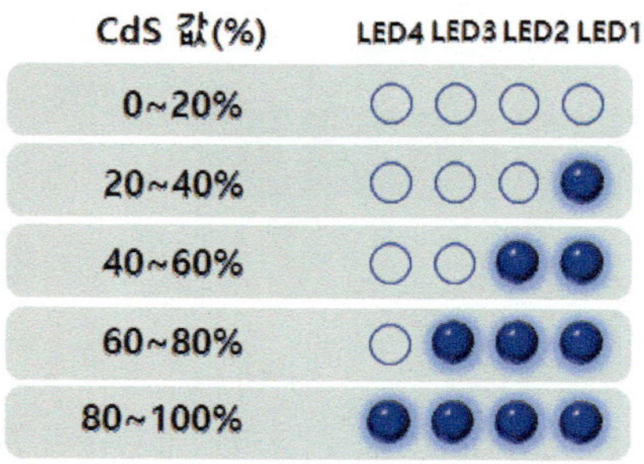

(1) 하드웨어 구성

그림 8.8과 같이 UNO보드의 A2에 가변저항 대신 CdS를 연결하고, 디지털 핀 #10~13에 4개의 LED1~LED4를 각각 연결한다.

그림 8.8
CdS와 4개 LED 연결

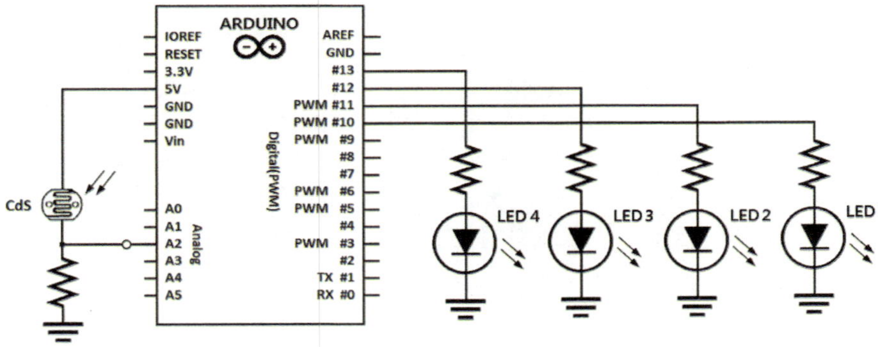

(2) 블록 프로그램과 실행

블록 프로그램은 가변저항 제어에서 사용했던 것을 그대로 사용하면 되며, CdS에 입력되는 빛의 밝기를 조절하면 시리얼 모니터의 값과 LED로 결과를 확인할 수 있다.

8.3 초음파 센서로 LED 밝기 조정하기

이번에는 디지털 센서인 초음파 센서 HC-SR04를 이용하여 거리에 따라 LED가 켜지는 개수를 조정하여 본다.

그림 8.9
거리에 따라 LED 켜기

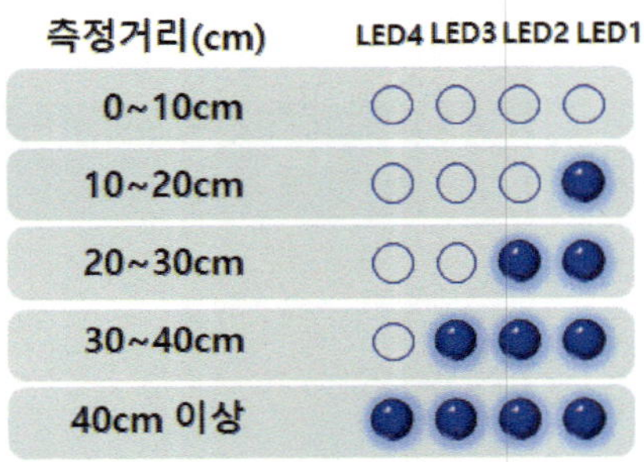

(1) 하드웨어 구성

그림 8.10과 같이 초음파 센서 HC-SR04의 트리거(Trig)와 에코(Echo) 핀을 디지털 핀 #9과 #8에 각각 연결하고, 디지털 핀 #10~13에 4개의 LED1~LED4를 각각 연결한다.

그림 8.10
초음파 센서와
4개의 LED연결

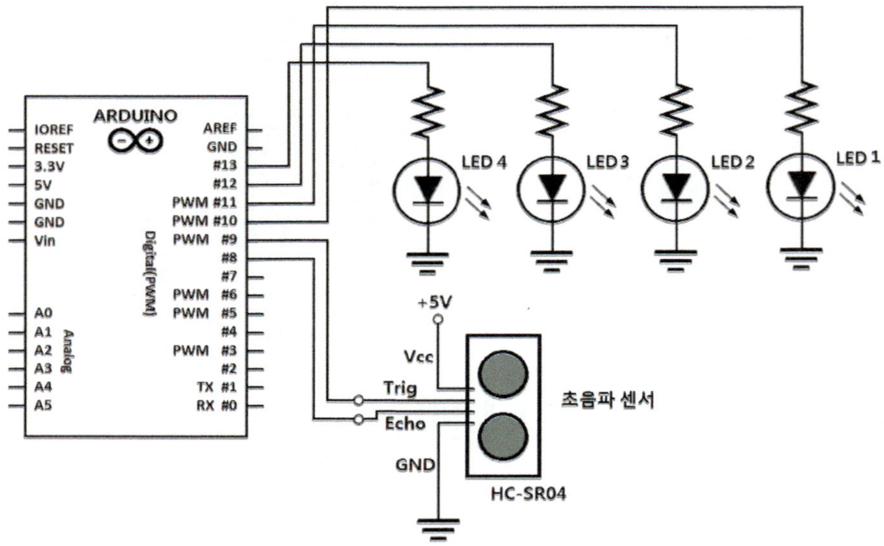

(2) 거리측정 함수 블록 프로그램

7.4절에서 설명한 초음파 센서 HC-SR04를 사용한 거리측정 부분을 그림 8.11과 같이 함수로 만들고, 앞 절에서 사용한 그림 8.6의 거리에 따른 LED 함수를 사용한다.

그림 8.11
초음파 센서를
사용한 거리측정
함수

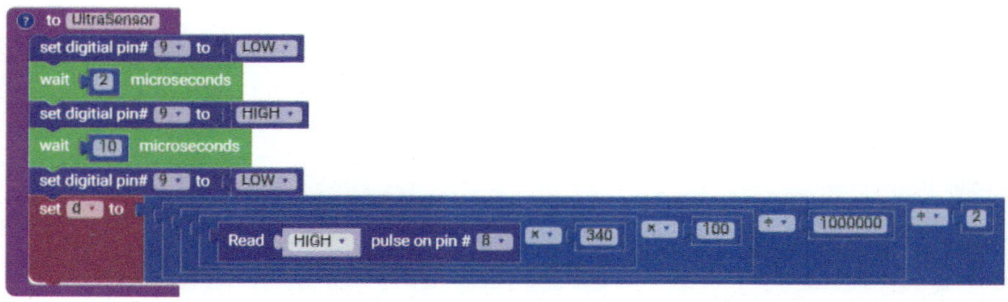

(3) 완성된 블록 프로그램

초음파 센서가 안정되게 거리를 측정하도록 0.1초 간격으로 측정하여 거리에 따라 LED를 켜지게 한다.

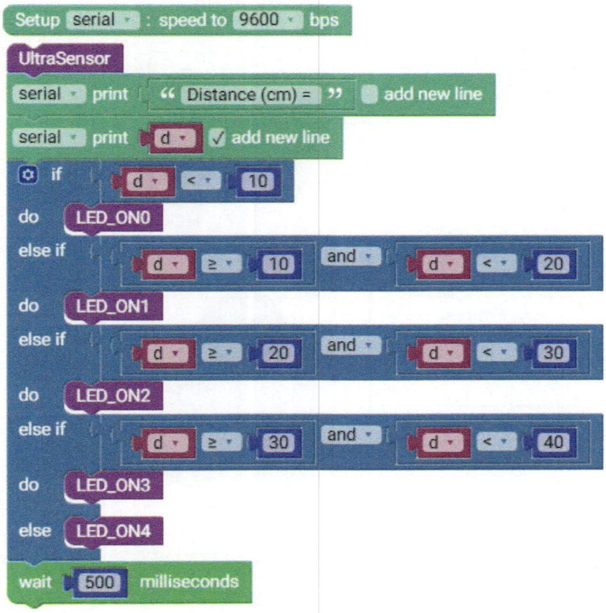

그림 8.12
초음파 센서를 사용한 LED 제어

8.4 초음파 센서로 악기 만들기

이번에는 8.3절을 응용하여 디지털 초음파 센서 HC-SR04와 피에조를 이용하여 거리에 소리가 나도록 만들어 본다.

(1) 하드웨어 구성

그림 8.13과 같이 초음파 센서 HC-SR04의 트리거(Trig)와 에코(Echo) 핀을 디지털 핀 #9과 #8에 각각 연결하고, 디지털 핀 #7에 피에조를 연결한다.

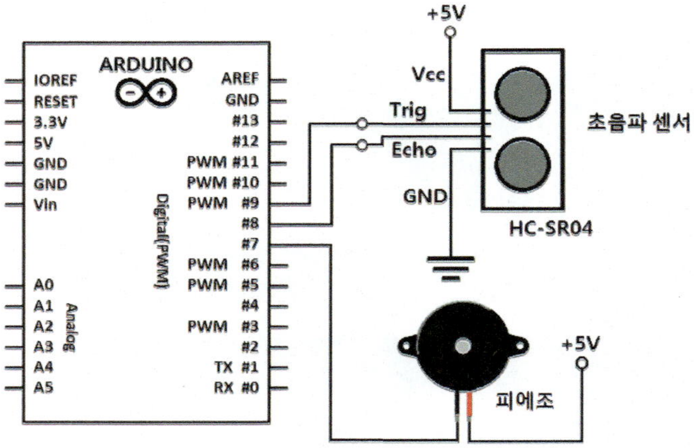

그림 8.13
초음파 센서와 피에조 연결

(2) 블록 프로그램

앞의 8.3절에서 만든 그림 8.11의 초음파 센서를 사용한 거리측정 함수를 사용하고, 초음파 센서가 안정되게 거리를 측정하도록 0.5초 간격으로 측정한다.

거리의 단위가 cm이므로 측정된 거리 값 d에 임의로 10을 곱하여 피에조에서 발생시킬 소리의 주파수를 

와 같이 만든다.

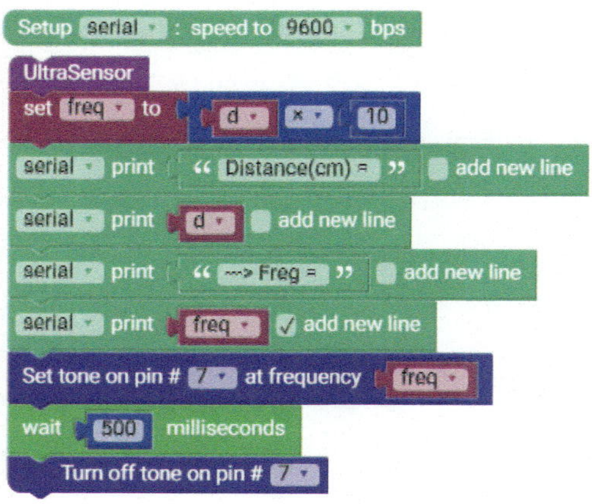

그림 8.14
초음파 센서를 사용한 LED 제어

그림 8.14는 시리얼 모니터에 0.5초 간격으로 나타나는 측정된 거리와 발생되는 소리의 주파수이다.

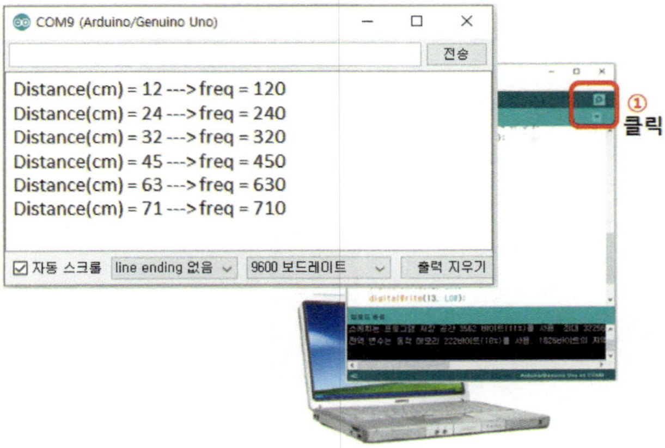

그림 8.15 측정된 거리와 발생되는 소리의 주파수

CHAPTER

09

모터 활용하기

아두이노 UNO 보드로 움직이는 장치를 만들과 제어 하려면 모터를 사용하여야 한다. 이장에서는 아두이노 UNO 보드에서 서보모터, 스테핑 모터, DC 모터를 제어할 수 있는 Ardublockly 블록명령의 사용방법을 학습한다.

9.1 DC 모터와 서보모터

일반적으로 DC 모터는 저렴하지만 정밀하게 제어하기 어렵고, 서보모터와 스테핑 모터는 정밀한 제어는 가능하지만 큰 힘을 내는 것이 어렵다.

또한 DC 모터는 연속적으로 회전할 수 있어 바퀴와 같은 구동부를 만들기 편리하고, 서보 모터는 원하는 정확한 회전각도 위치로 회전시킬 수 있어 로봇 팔과 같은 장치를 만들 때에 편리하다. 일반적으로 서보모터의 회전범위는 0~180°이지만 연속 회전이 가능하도록 만들어진 서보모터도 있다.

DC 모터는 시계방향 회전과 반시계방향 회전만 고려하므로 모터를 제어하는 신호선은 전원을 공급하는 2개로 되어 있다. 그러므로 아두이노 보드에서 이 2개의 전원선으로 모터의 회전속도와 방향을 쉽게 제어하려면 별도의 DC모터 드라이버 모듈을 사용해야 한다. 반면 서보모터는 회전각도의 위치를 제어하기 때문에 2개의 전원선과 1개의 제어 신호선을 가지고 있다.

아두이노 보드에서 제어가 편리하며 Ardublockly에서 전용 블록 명령을 제공하는 서보모터를 먼저 다루어 본다.

9.2 서보모터 제어하기

서보모터는 현재 위치에 관계없이 설정된 위치로 이동하는 서보제어 기능이 내장된 DC모터이다. 서보모터의 동작 범위는 일반적으로 0~180°이다. 서보모터의 회전 각도는 현재 위치에 대하여 상대적으로 회전하는 것이 아니라 그림 9.1과 같이 처음 정해진 0°를 기준으로 회전한다.

서보모터 동작의 예를 사용하여 설명하여 보자. 기준각도 0°에서 90°위치로 이동시킨다면, 서보모터의 현재 위치에 관계없이 회전하여 90°위치로 이동한다. 즉 현재 위치가 0°라면 시계 방향으로 90°를 회전하고, 현재위치가 120°라면 반시계 방향으로 회전하여 30 °위치로 이동한다.

그림 9.1
서보모터의 회전

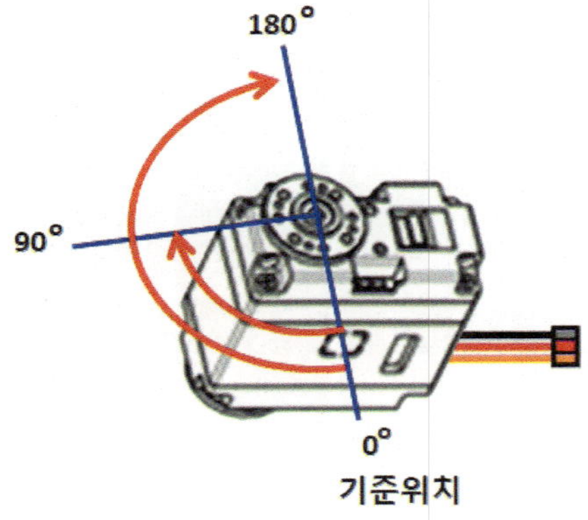

(1) 아두이노 UNO 보드에 서보모터 연결하기

아두이노 UNO 보드에 서보모터를 그림 9.2와 같이 연결한다. 서보모터의 제어선은 일반적으로 전원을 공급하는 +(빨간색)와 −(검은색) 그리고 제어선(주황색)으로 되어 있다.

그림 9.2
아두이노 UNO 보드와 서보모터 연결

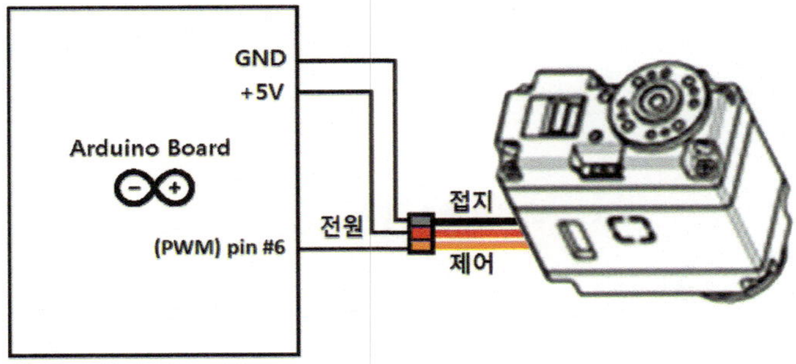

(2) 서보모터 제어 명령블록

Ardublockly는 서보모터 제어를 위하여 전용 블록 명령이 만들어져 있어 사용이 매우 쉽고 편리하다.

Motors에서 set SERVO from Pin 3 to 90 Degrees (0~180) 나 read SERVO from PIN# 3 을 그림 9.3과 같이 선택한다.

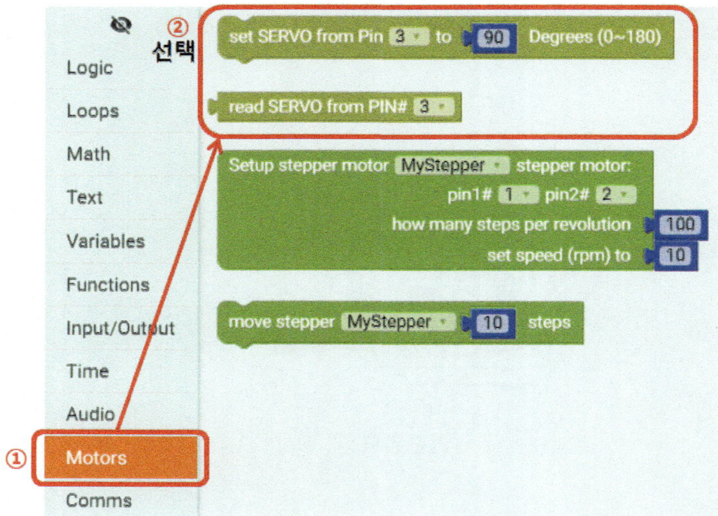

그림 9.3 서보모터 제어 명령블록

set SERVO from Pin 3 to 90 Degrees (0~180) 로 그림 9.4와 같이 서보모터가 연결된 핀과 회전할 각도를 설정하면 지정된 각도로 회전한다.

아두이노 UNO보드의 디지털 핀 #6에 그림 9.2와 같이 서보모터가 연결되어 있고 90° 위치로 회전시키려면 set SERVO from Pin 6 to 90 Degrees (0~180) 과 같이 명령블록을 구성하면 된다.

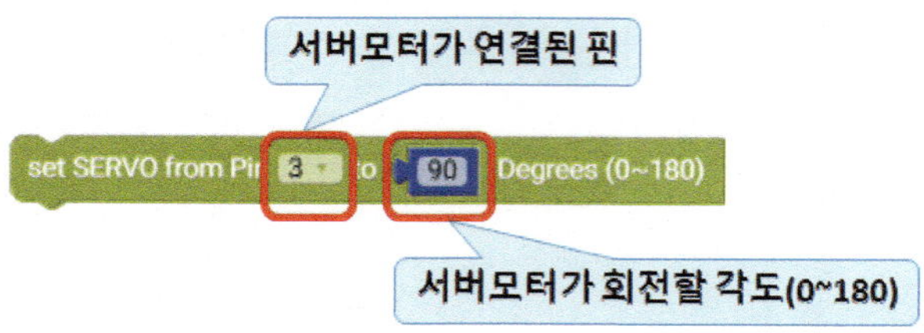

그림 9.4 서보모터 회전제어 명령블록

또한, read SERVO from PIN# 3 를 사용하면 서보모터의 회전각도를 서보모터가 연결된 핀을 통하여 읽어들일 수 있다.

(3) 가변저항으로 서보모터 제어하기

앞의 그림 9.2에 그림 9.5와 같이 가변저항을 추가하여 하여, 가변저항으로 0~180°를 지정하고 서보모터를 제어하고 그 때의 위치 값을 시리얼 모니터에 나타내 본다.

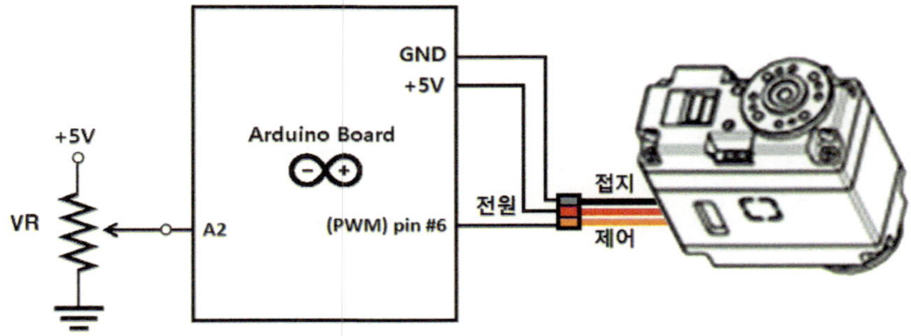

그림 9.5 서보모터 회전제어 명령블록

(4) 블록 프로그램 작성

아날로그 핀 A2에 연결된 가변저항의 값의 범위는 0~1024이므로 Math 의 맵핑 명령 Map value to [0-] 을 사용하여 0~180으로 변화범위를 조정하여 사용하고, 시리얼 모니터에 서보모터가 회전한 값을 측정하여 나타내기 위하여 read SERVO from PIN# 6 을 활용한다.

완성된 블록 프로그램은 그림 9.6과 같다.

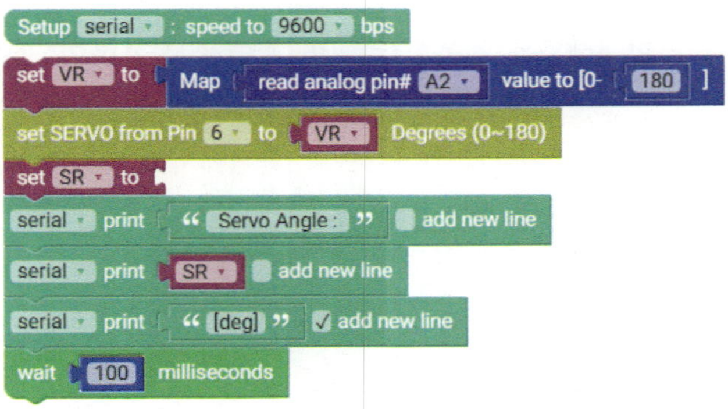

그림 9.6 가변저항을 사용한 서보모터의 0~180° 회전

프로그램을 업로딩 후 가변저항의 볼륨을 천천히 돌리면 서보모터가 회전하며, 그 값은 그림 9.7과 같이 시리얼 모니터에 출력된다.

그림 9.7
서보모터의 회전값의 시리얼 모니터 출력

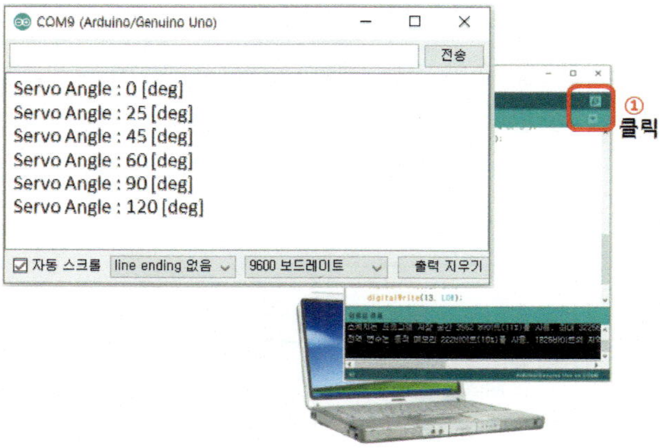

한편 아두이노 UNO 보드는 여러 개의 서보모터를 연결하여 로봇 팔과 같이 서보모터가 여러 개 설치된 장치의 제어가 가능하다.

9.3 스테핑 모터 제어하기

9.2절에서 설명한 표준 서보모터는 0~180° 범위의 각도를 정확하게 제어하는 것에 편리하다. 그러나 자동차나 바퀴처럼 연속적으로 회전시킬 수 없다. 연속적인 회전을 비교적 정확한 각도제어로 기계적인 움직임을 정밀하게 제어하고 회전 토크도 필요한 곳에는 스테핑 모터의 사용이 적합하다.

스테핑 모터는 일반적으로 HIGH나 LOW 펄스를 인가하여 한 스텝씩 주어진 방향에 따라 회전하도록 전용 드라이버 모듈을 사용하여 제어한다.

아두이노 보드에서 제어하기 위하여 +5V 환경에서 동작하는 소형 스테핑 모터와 ULN2003 IC를 적용한 그림 9.8과 같은 소형 드라이버 모듈을 사용하여 제어하여 본다.

그림 9.8
스테핑 모터와 제어 모듈

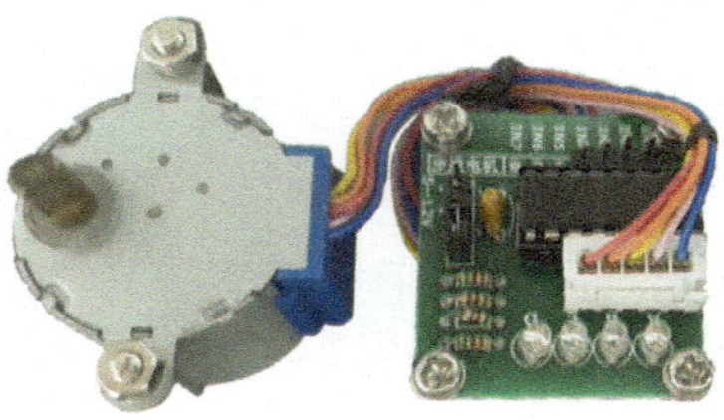

(1) 스테핑 모터 드라이버 모듈을 사용한 연결

스테핑 모터 제어를 위한 ULN2003 IC 모듈의 IN1~IN4와 전원(+, -)에 그림 9.9와 같이 아두이노 보드를 연결한다.

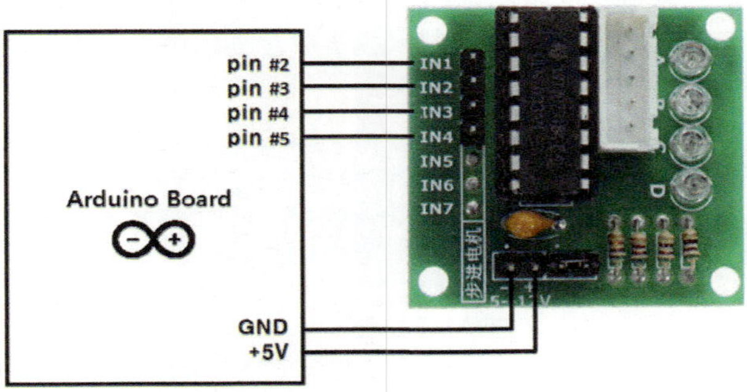

그림 9.9
아두이노 보드와 스테핑 모터제어 모듈 연결

(2) 스테핑 모터의 회전 원리

스테핑 모터 제어모듈의 IN1, IN2, IN3, IN4에 그림 9.10과 같이 a(H, L, L, L) → b(L, H, L, L) → c(L, L, H, L) → d(L, L, L, H)의 순서로 값을 주면 스테핑 모터는 시계방향으로 회전하게 되며, 반대로 d(L, L, L, H) → c(L, L, H, L) → b(L, H, L, L) → a(H, L, L, L)의 순서로 값을 주면 반시계 방향으로 회전하게 된다. 또한 값을 변경해 주는 시간의 간격에 따라 회전속도가 조정된다.

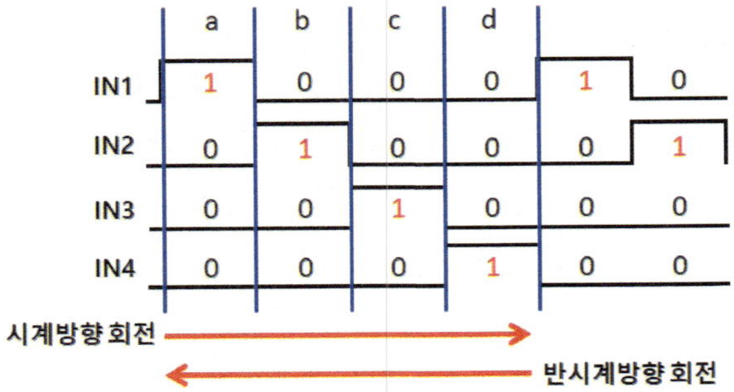

그림 9.10
스테핑 모터의 회전

(3) 블록 프로그램 구성

IN1, IN2, IN3, IN4의 값을 변경하기 쉽도록 각 상의 입력을 주는 함수를

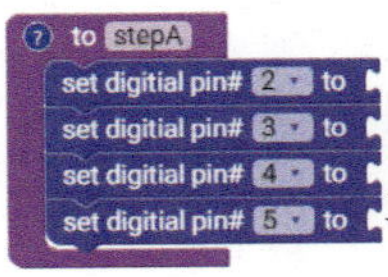

과 같이 만들어 사용한다.

완성된 블록 프로그램은 그림 9.11과 같다.

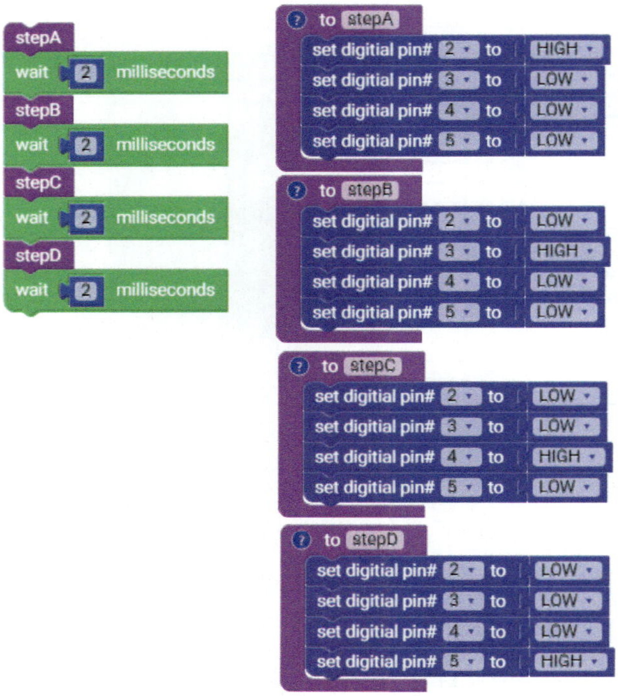

그림 9.11
완성된 스테핑 모터의 시계방향 회전

9.4 DC 모터 제어하기

9.3절의 스테핑 모터처럼 DC모터는 아두이노 보드의 출력핀에 직접 연결하여 모터를 회전시키지 않고, 전용 모터 드라이버 쉴드나 별도의 모터 드라이버 모듈을 사용하여 직류모터의 회전 속도의 빠르기와 회전방향을 제어한다.

(1) DC 모터 드라이버 모듈을 사용한 DC모터 제어

소형 DC 모터제어에 많이 사용되는 L298로 제작된 모듈을 사용하여 그림 9.12와 같이 구성하여 DC 모터를 제어해보자.

아두이노 보드에 모터 드라이버 모듈을 연결하고 1개의 DC 모터를 시계방향(CW)과 반시계방향(CCW)으로 회전시켜보자.

그림 9.12
아두이노 보드로 1개의 DC 모터 제어를 위한 모듈의 연결

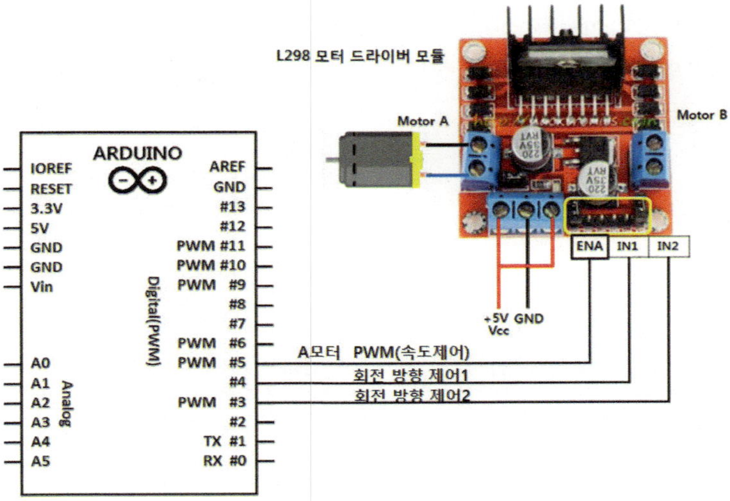

(2) 블록 프로그램 작성

DC 모터의 회전 속도는 PWM값이 0이면 정지이고, 255이면 최대 속도가 된다. PWM값을 0부터 255까지 변화시키며 모터의 회전 속도를 제어하여 본다.

PWM신호로 모터의 회전속도를 지정하는 DC 모터 드라이버의 ENA와 디지털 값으로 회전 방향을 지정하는 IN1와 IN2의 변경을 쉽게하기 위하여 함수

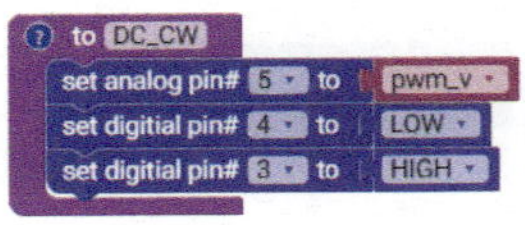

을 만들어 사용한다.

그림 9.13
DC 모터의 회전속도 제어

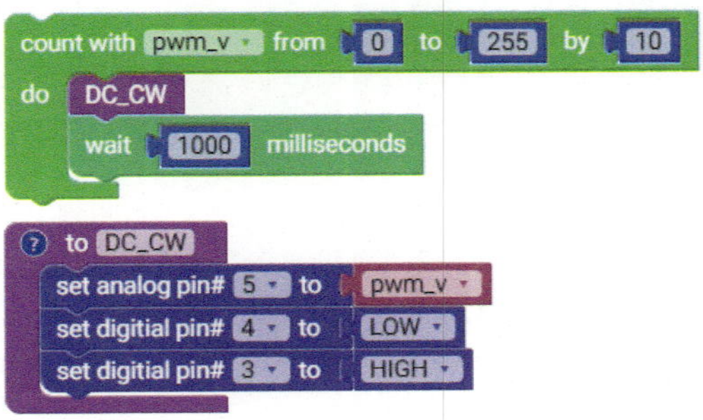

(3) 가변저항을 사용한 속도제어

앞의 예제처럼 가변저항을 사용하여 DC 모터의 속도를 제어하여 본다.

그림 9.14
가변저항을 사용한 DC 모터의 회전속도 제어

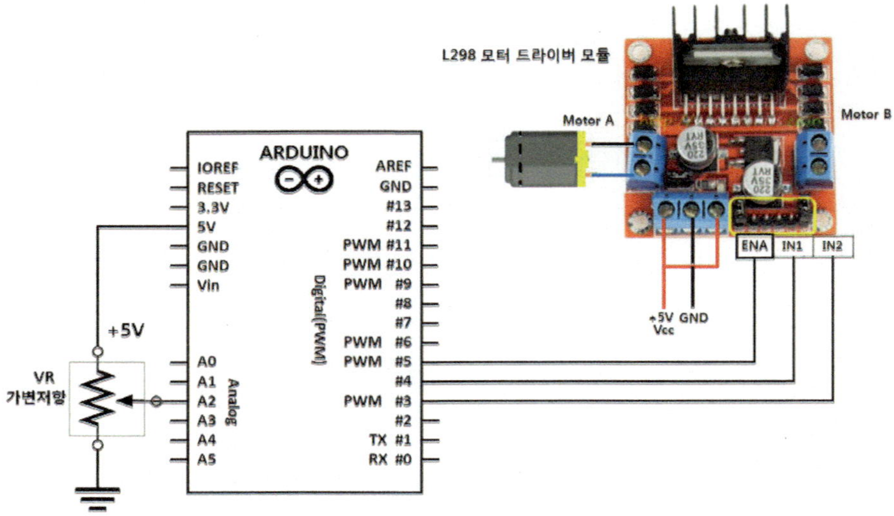

(4) 완성된 가변저항을 사용한 속도제어

그림 9.15
가변저항으로 회전속도 제어하는 블록 프로그램

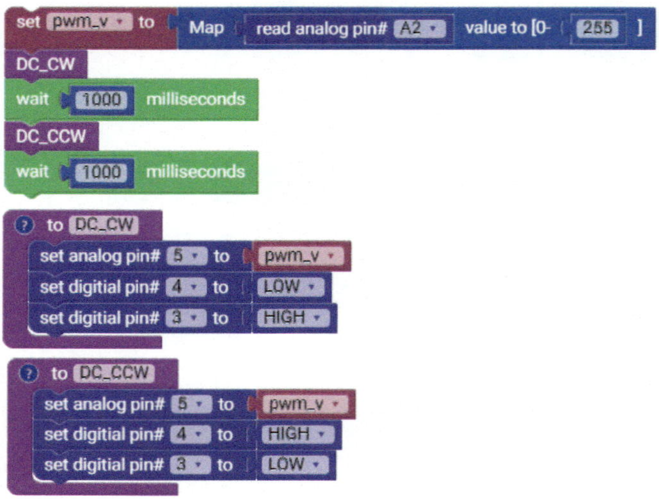

CHAPTER

10

블루투스 통신 활용하기

6장에서 컴퓨터와 아두이노 보드 사이에서 시리얼 통신으로 제어하는 방법을 학습하였다. 이 장에서는 블루투스(BlueTooth)를 사용한 시리얼 통신을 공부한다.

10.1 블루투스 통신

6장에서 학습한 것처럼 컴퓨터와 아두이노 보드는 USB 케이블을 통하여 시리얼 통신을 한다. 이 시리얼 통신 기능을 이용하여 컴퓨터에서 작성한 프로그램을 아두이노 보드로 업로드하거나 시리얼 모니터를 이용하여 제어에 사용할 수 있었다.

그림 10.1 컴퓨터와 아두이노 보드의 시리얼 통신

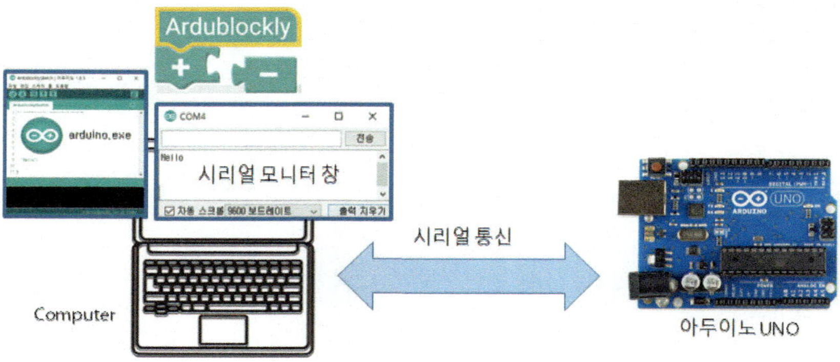

한편 아두이노 보드의 시리얼 통신핀(RX와 TX)에 그림 10.2와 같이 블루투스 모듈을 연결하면, 블루투스 기능을 가진 다른 아두이노 보드, 스마트 폰과 같은 모바일 장치 또는 컴퓨터 등과 그림 10.3과 같이 블루투스를 통한 시리얼 통신이 가능하다.

그림 10.2 블루투스 모듈을 연결한 아두이노 보드

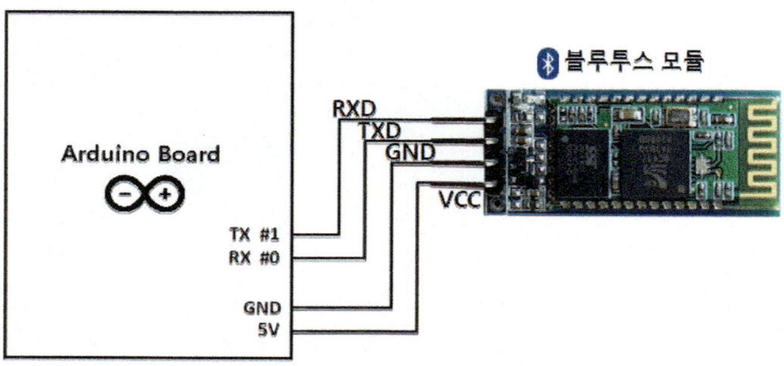

그림 10.3
시리얼 통신을 이용한 블루투스 통신

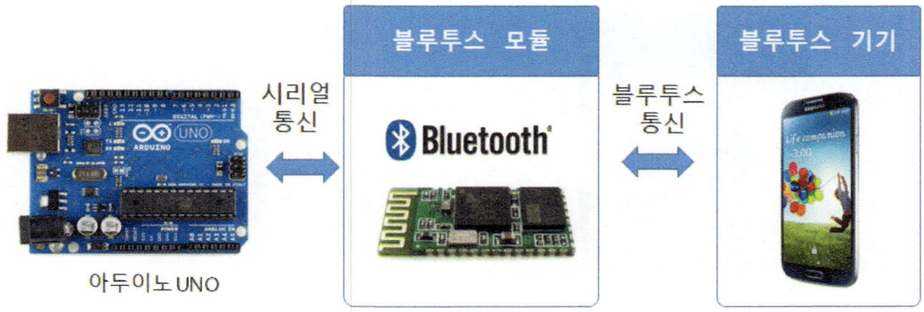

그러나 아두이노는 시리얼 통신에 이용되는 아두이노 보드의 UART 포트인 0번(RX)과 1번(TX) 포트가 USB 포트로 구성되어 있어서 블루투스 모듈을 연결하여 사용하는 것에 주의가 필요하다.

10.2 스마트 폰을 사용한 LED ON/OFF 제어

스마트 폰에서 블루투스를 사용하여 아두이노 보드의 LED를 ON/OFF하여 본다. 이를 위해서 다음의 3가지 과정의 수행이 필요한다.

첫째, 스마트 폰에는 아두이노 보드의 LED를 ON/OFF할 수 있는 App이 설치되어 있어야 한다.

둘째, 아두이노 보드에는 블루투스 모듈을 통하여 입력되는 시리얼 통신 정보에 따라 LED를 ON 또는 OFF시키는 프로그램이 작성되어 있어야 한다.

셋째, 스마트 폰의 블루투스와 아두이노 보드의 블루투스 모듈이 통신이 가능하도록 서로 연결되어야 한다.

(1) 스마트 폰의 App 설치

스마트 폰에서 아두이노 보드의 LED를 ON/OFF하기 위하여 부록 A.3절에서 만든 그림 10.4와 같은 BT_ONOFFSW_b.apk를 사용한다.

그림 10.4
BT_ONOFFSW_b.apk 앱

BT_ONOFFSW_b.apk의 제작 및 설치는 부록 A를 참고한다.

(2) 아두이노 보드의 시리얼 통신 제어 프로그램 작성

아두이노 보드의 디지털 핀 #0(RX)에 블루투스 모듈의 TXD를, #1(TX)에 블루투스 모듈의 RXD를 각각 연결하고, 디지털 핀 #10에 LED를 그림 10.5와 같이 연결한다.

그림 10.5
아두이노 보드에 블루투스 모듈과 LED 연결

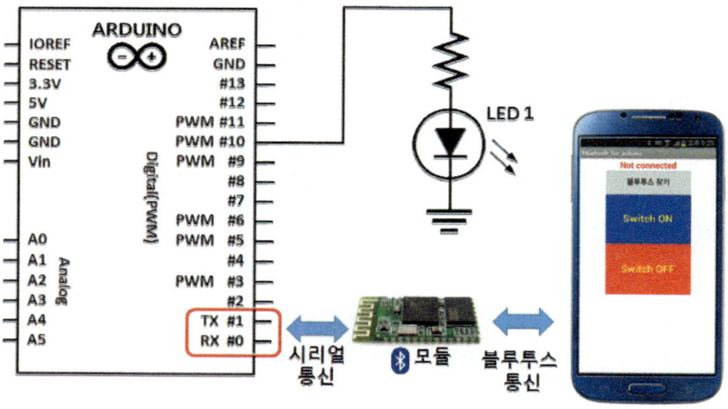

아두이노 보드의 블루투스 모듈을 통하여 입력되는 시리얼 통신 정보에 따라 LED를 ON 또는 OFF시키는 Ardublockly 블록 프로그램은 기본적으로 6.4절에서 작성한 시리얼 모니터로 제어하는 블록 프로그램과 거의 같다.

Ardublockly Comms 에서 시리얼 전송속도를 9,600으로 설정하고, 변수 정의하는 명령블록  를 생성하여  를 끼워 넣는다.

컴퓨터의 시리얼 모니터에서 아두이노 UNO 보드로 전송된 값을 판별하여 제어하기 위하여 Ardublockly  에서 판단 명령블록  을 선택하여 if-else 구조인 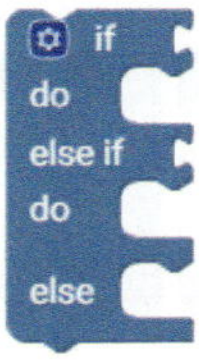 형태로 확장한다.

 으로 생성된 k값으로 판단조건 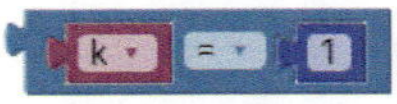 과  를 만들어 if-else 구조의 판단을 결합하여 그림 10.6과 같이 블록 프로그램을 완성한다.

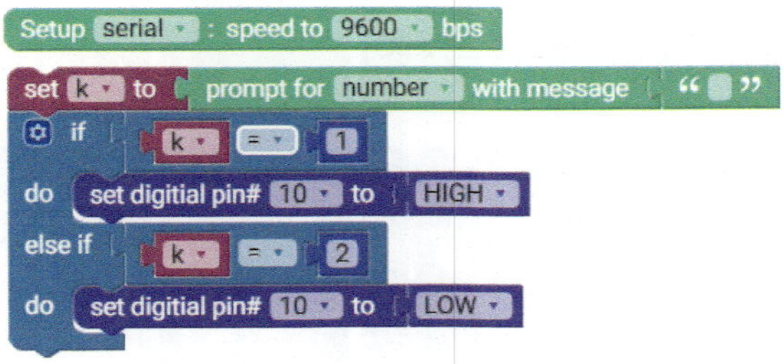

그림 10.6 시리얼 통신을 이용한 ON/OFF 블록 프로그램

(3) 스마트 폰과 아두이노 보드 연결

스마트 폰과 아두이노 보드가 블루투스 통신이 가능하도록 서로 연결하는 설정이 필요하다.

1) 아두이노 보드에 그림 10.6의 블록 프로그램을 업로드하여 실행시킨다.
2) 스마트 폰에서 블루투스 기능 활성화한다.
스마트 폰의 설정에서 연결 가능한 블루투스 기기를 검색하여 아두이노 보드에 연결한 블루투스 모듈을 찾아 그림 10.7의 절차를 따라 등록한다.

❶ 스마트 폰의 블루투스 기능 실행

❷ 스마트 폰의 설정 에서 연결할 블루투스 장치 검색

❸ 검색된 블루투스 목록에서 아두이노 보드에 연결한 블루투스 모듈 선택

❹ PIN코드를 "1234"로 입력하여 등록(페어링)

❺ 등록 확인

그림 10.7
블루투스 기기 검색과 등록

(3) 스마트 폰에서 아두이노 보드 제어

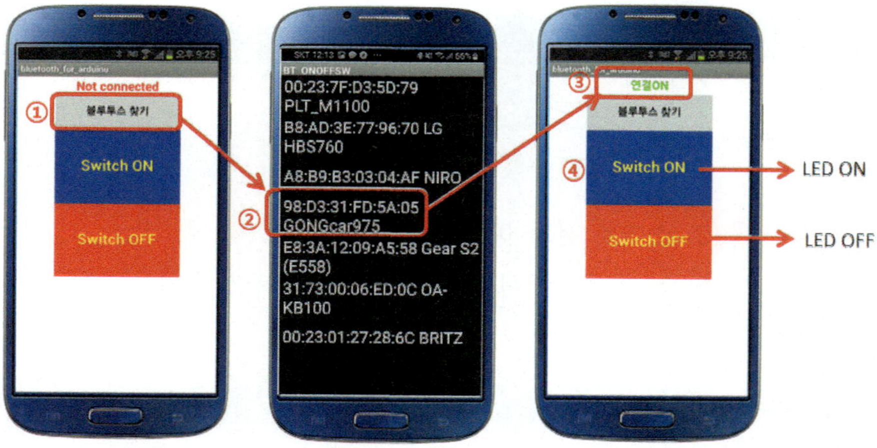

(a) App실행 (b) 블루투스 찾기 (c) 블루투스 연결 확인

그림 10.8
블루투스 기기 검색과 등록

❶ 스마트 폰에서 BT_ONOFFSW_b.apk App을 실행시키고, [블루투스 찾기]를 선택하면 그림 10.8(b)와 같이 스마트 폰에 등록된 블루투스 장치의 목록이

나타난다.

❷ 블루투스 목록 가운데 아두이노 보드에 연결된 블루투스 모듈의 이름을 찾아 선택한다.

❸ 스마트 폰 화면 윗부분의 **Not connected**이 **연결ON**으로 변경되며 스마트 폰과 아두이노 보드가 연결된 상태임을 보여준다.

❹ Switch ON이나 Switch OFF을 터치하면, 아두이노 보드에 연결된 LED가 ON 또는 OFF되는 것을 확인할 수 있다.

| 주의 |

아두이노 보드로 작성한 블록 프로그램을 업로드 할 때, 컴퓨터는 USB포트를 통하여 아두이노 보드의 RX(#0)와 TX(#1)에 연결되어 프로그램을 전송한다.

그러나 블루투스 모듈이 아두이노 보드의 RX(#0)와 TX(#1)에 연결되어 있으면 이 USB 포트를 통한 연결은 충돌이 발생하여 프로그램이 정상적으로 업로드 되지 않는다.

그러므로 컴퓨터에서 USB포트를 통하여 프로그램을 업로드하려고 할 때 반드시 블루투스 모듈의 연결을 아두이노 보드와 분리하여야 한다.

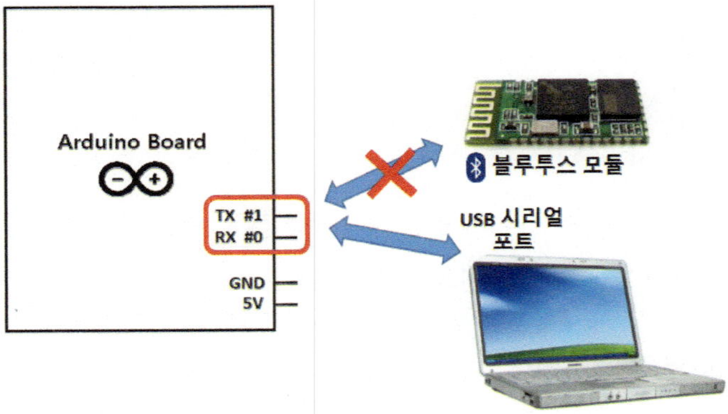

그림 10.9 USB 시리얼 포트와 블루투스 모듈의 충돌

10.3 스마트 폰으로 4개의 LED 제어하기

6.4절에서 컴퓨터의 시리얼 모니터에서 시리얼 통신으로 '1, 2, 3, 4'를 아두이노 UNO 보드로 전송하면 아두이노 UNO 보드의 디지털 핀 #10~#13에 연결된 LED가 ON이 되고, 1~4 이외의 다른 값이 입력되면 모든 LED가 OFF 되도록 했던 예제를 시리얼 모니터 대신 스마트 폰을 이용하여 제어하여 본다.

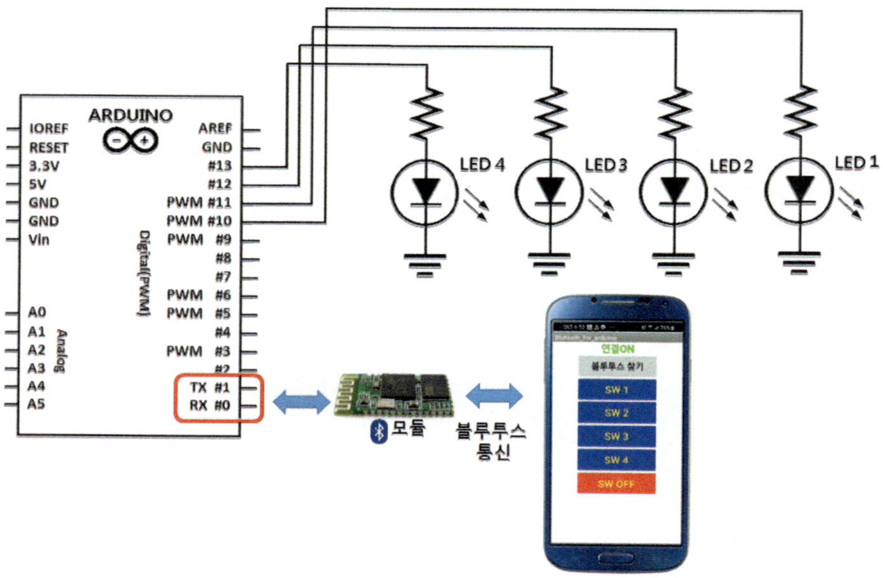

그림 10.10 아두이노 보드에 블루투스 모듈과 디지털 핀 #10~#13번에 LED 연결

(2) 회로의 구성

블루투스 모듈과 LED 1개를 연결한 앞의 10.2절 그림 10.5에 그림 10.10과 같이 LED 4개를 추가적으로 연결한다.

(3) 블록 프로그램

아두이노 보드에 설치될 블록 프로그램은 그림 6.14와 동일하다.

아두이노 UNO 보드에 블루투스 모듈을 분리한 후 블록 프로그램을 업로드하고, 업로드가 성공적으로 끝나면 블루투스 모듈을 연결한다.

그림 10.10
완성된 블록 프로그램

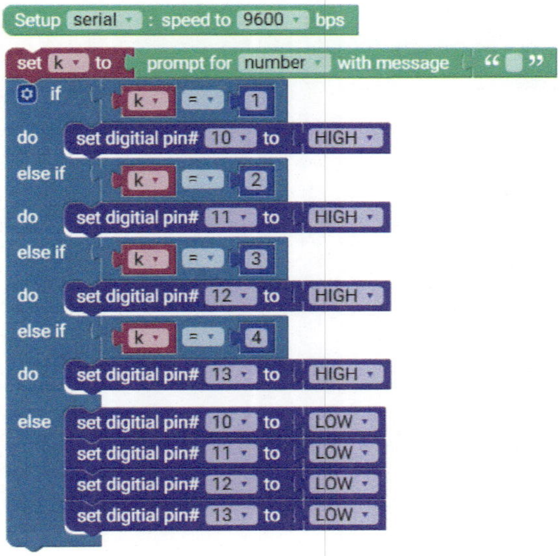

(4) 스마트 폰 앱 설치

부록 A에서 제작한 Blockly_BTSW5.apk 스마트 폰에 설치하고 실행시킨다. 블루투스를 검색하여 연결하고 제어한다.

CHAPTER

11

3D 프린팅 활용하기

3D 프린팅(3 dimension printing) 기술은 종이에 문서나 그림을 인쇄하듯이 평면인쇄를 적층하여 입체적인 물체로 인쇄하는 것을 의미한다. 현재 다양한 3D 프린팅을 구현할 수 있는 장비들이 개발되어 많은 영역에서 활용되고 있으며, 4차산업 혁명시대의 중요한 도구로 자리잡고 있다.

이 장에서는 간단하게 3D 출력물을 만드는 방법을 소개하고, 출력하는 방법과 싱기버스(Thingiverse) 등을 활용하여 활용할 수 있는 다양한 3D 출력물을 앞에서 배운 아두이노와 Ardublockly로 제어하는 방법을 살펴본다.

11.1 3D 프린팅 과정

3D 프린팅은 3차원의 물체의 물리적인 구조를 디지털 정보로 만들고, 그 정보에 따라 필라멘트와 같은 재료로 실제 3차원 물체로 제작하는 과정이다. 이러한 3D 프린팅 과정에는 설계와 제작을 위한 소프트웨어와 하드웨어가 필요하고 실물 제작에 필요한 재료가 사용되어야 한다.

(1) 1단계: 디지털 모델링

먼저 제작하고자하는 입체물의 기구적 구조가 디지털 정보로 만들어진 3D 모델 데이터가 있어야 한다. 이 3D 모델 데이터는 3D 스캐너나 3D 모델링 프로그램을 이용하여 만들어진다. 3D 스캐너는 물체의 입체적 구조를 3D 정보로 스캔하는 장치로 쉽게 3D 모델링이 가능하지만 스캐너의 정밀도에 따라 정보의 정확성이 결정된다. 3D 모델링 프로그램은 직접 원하는 대상을 컴퓨터를 사용하여 입체적으로 설계하는 프로그램으로 설계의 정밀도에 따라 다양한 소프트웨어가 사용되며, 설계를 위한 전문화된 훈련이 필요하다. 일반적으로 STL 포멧의 정보가 만들어진다.

(2) 2단계: 슬라이싱

3D 프린팅은 일반적으로 3D 프린터가 3차원 입체구조를 일정한 두께의 면 단위로 나누어 인쇄한 것을 쌓아올려 입체적인 모양을 만드는 적층방식으로 제작된다. 그러므로 만들어진 3D 모델 데이터는 여러 개의 얇은 층으로 된 데이터로

변환하는 슬라이싱 과정이 필요하며 슬라이서(Slicer)라 불리 우는 프로그램을 사용하게 된다. 인쇄 제작과정에서의 출력물의 공간에서 지탱의 필요에 따라 지지대(supporter) 등을 추가하기도 한다. 예를 들면, STL 포멧의 정보를 GCODE 형식의 파일로 변환해야 한다.

(3) 3단계: 프린팅

3D 프린터가 일정한 면으로 슬라이싱된 데이터로 재료(필라멘트 등)를 면 단위로 한층 씩 출력하며 쌓아 입체로 구조물을 제작한다. 3D 프린터의 노즐의 크기, 인쇄 속도와 사용되는 재료의 성질에 따라 정밀도가 결정된다.

(4) 4단계: 후처리 가공

3D 프린팅 과정에서 사용된 서포터를 제거하거나 표면을 다듬는 등 출력물 표면에 남아있는 제작 과정에서 생긴 불필요한 부분을 제거하는 등의 다양한 후처리 과정을 거친다,

11.2 간단한 3D 설계 도구

3D 모델링에 사용되는 프로그램에는 설계를 희망하는 입체 구조의 복잡성이나 정밀도에 따라 다양한 소프트웨어와 도구들이 존재한다. 복잡하고 정밀한 3D 모델 설계를 위해서는 고가의 소프트웨어와 장비를 활용한 전문화된 훈련이 필요하다. 그러나 Autodesk가 만든 Autodesk123D나 Autodesk TinkerCAD와 같은 소프트웨어는 간단한 구조나 초보자가 사용하기 편리한 도구들이다.

(1) Autodesk123D

Autodesk가 만든 Autodesk123D는 CAD 및 3D 모델링이 가능한 도구로 공식적인 지원이 만료되어 업데이트나 지원이 더 이상 이루어지고 있지 않지만 무료로 제공되는 소프트웨어로 비교적 쉽게 활용할 수 있어 여전히 많이 사용되고 있다.

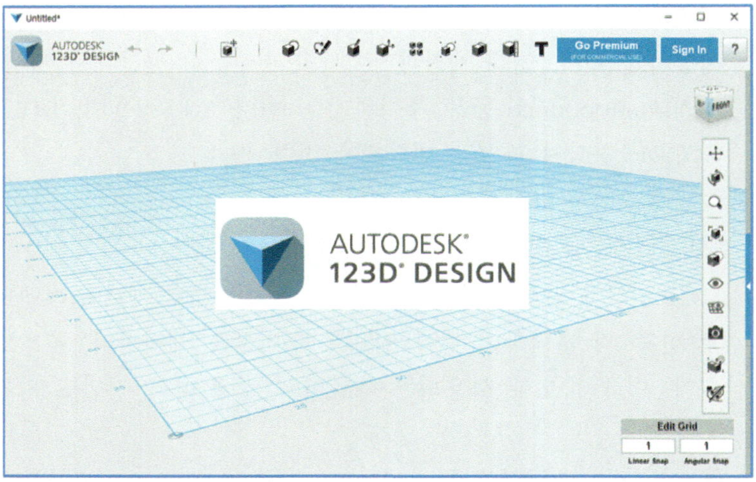

그림 11.1
Autodesk123D

(2) Autodesk TinkerCAD

오토데스크 틴커캐드(Autodesk TinkerCAD)는 3D작품을 만들 수 있는 웹 기반의 CAD 소프트웨어로 복잡한 형상을 손쉽게 디자인할 수 있는 프로그램으로 처음 3D 프린팅에 입문하여 사용하기 적합하다. 컴퓨터에 별도의 프로그램을 설치하지 않고 웹 브라우저에서 동작하며 클라우드 서버를 통해 관리되어 어디에서나 사용할 수 있다. 직접 따라하며 배우는 튜토리얼 방식으로 채택하여 쉽고 빠르게 배워 사용할 수 있다.

그림 11.2
Autodesk
TinkerCAD

https://www.tinkercad.com/

11.3 3D 프린팅

3D 설계 도구를 사용하여 원하는 물체를 모델링 하였다면, 3D 프린팅이 가능한 프린터로 출력을 해야 한다.

3D 프린터로 출력을 위하여 만들어진 3D 모델 데이터를 슬라이싱하고 출력물 구조에 따라 지지대(supporter) 등을 추가하고 STL 파일로 저장한 후 GCODE로 변환하는 과정을 거쳐야 한다. 또한 이 데이터로 3D프린터를 제어하는 소프트웨어도 필요하다.

MakerBot은 오픈 소스 3D 프린터를 만들고 다양한 STEM교육을 지원하는데, MakerBot의 프린터와 MakerBot Print과 같은 소프트웨어들은 3D프린팅을 간단하고 편리하게 사용할 수 있게 해준다.

그림 11.3 MakerBot

https://www.makerbot.com/

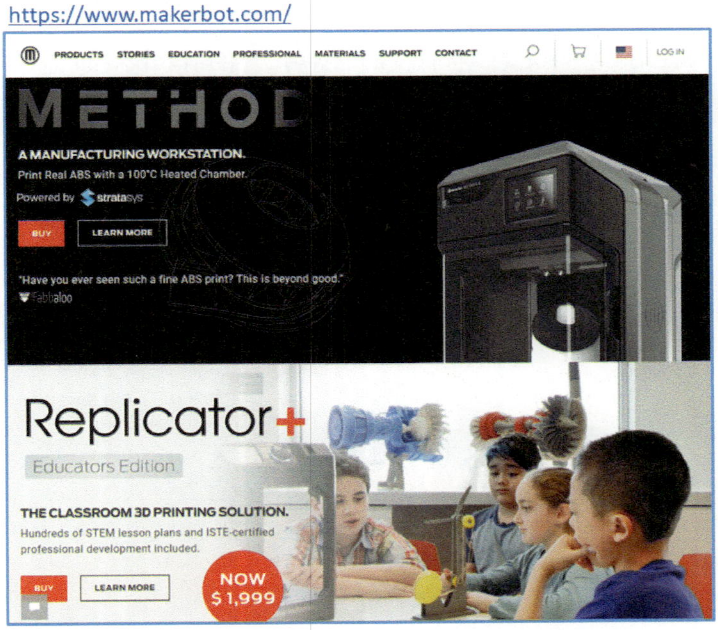

MakerBot에서 제공하는 MakerBot Print는 3D 프린팅을 준비, 관리 및 모니터링 할 수 있는 컴퓨터 응용 프로그램이다.

그림 11.4
MakerBot Print

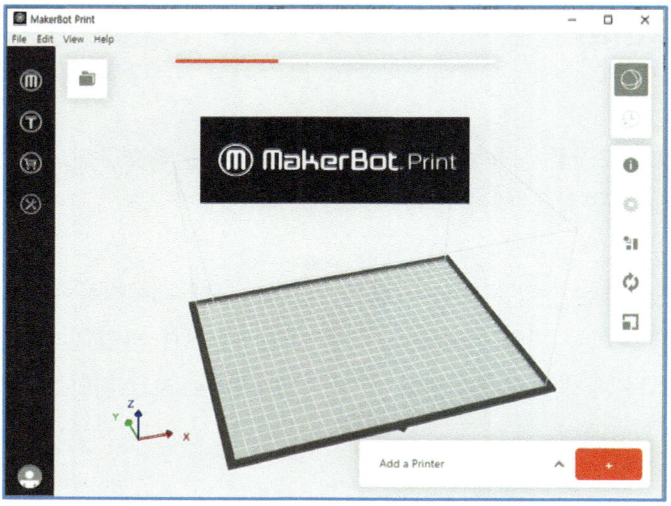

11.4 Thingiverse의 활용

MakerBot은 가장 큰 온라인 3D 프린팅 커뮤니티이며 3D 관련 파일을 다운받을 수 있는 싱기버스(Thingiverse)를 설립하고 운영하고 있다.

그림 11.5
Thingiverse

https://www.thingiverse.com/

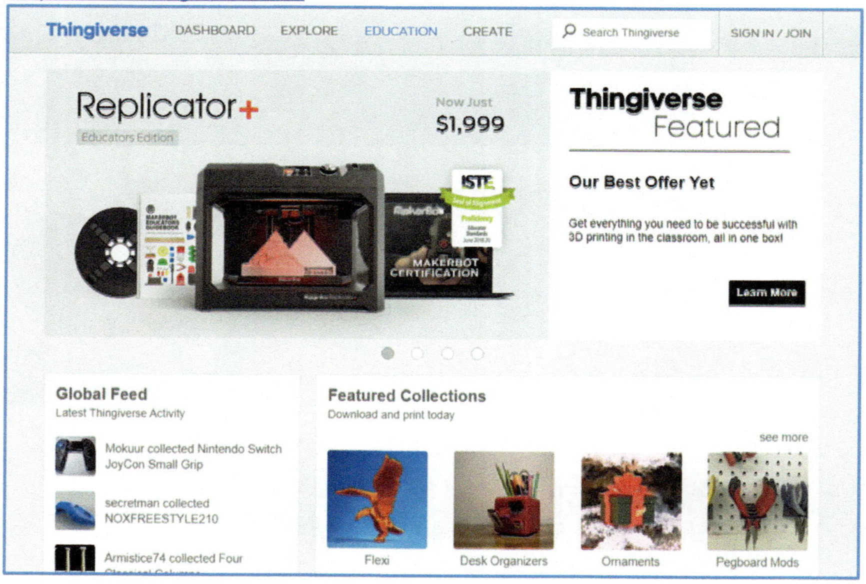

Thingiverse는 무료로 3D 모델 파일을 공유하는 웹 사이트로 100만개 이상의 3D 모델과 3D 프린팅 관련 다양한 정보가 제공되고 있다. 사용자는 3D 모델을 다운로드 받거나 업로드 할 수 있고, 일반적으로 STL 포멧의 파일 형태로 제공되며 Thingiview를 사용하면 미리보기도 가능하다.

11.5 Automatic Desktop Trashcan

Thingiverse에서 TIP Deginer인 인도네시아 사람 Noerachman Saleh가 제공하는 그림 11.6의 Automatic Desktop Trashcan을 다운 받아 활용해본다.

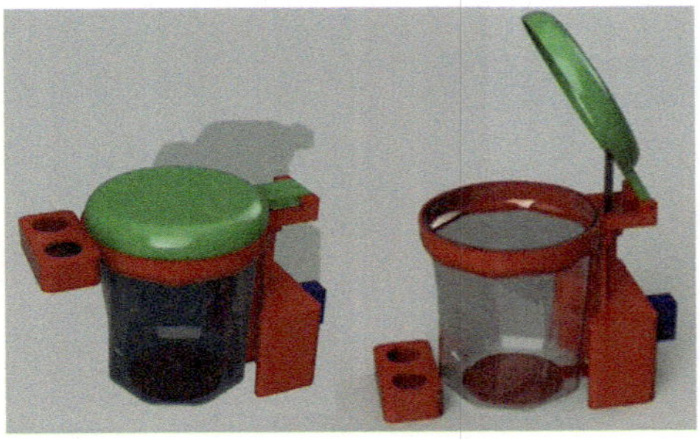

그림 11.6 Automatic Desktop Trashcan

Automatic Desktop Trashcan은 그림 11.7과 같이 3D 출력 부품으로 뚜껑이 있는 쓰레기통을 만들고, 그림 11.8과 같이 서보모터와 초음파 센서 등을 활용하여 쓰레기통의 뚜껑이 열리거나 닫치는 제어가 가능하도록 만들어진 3D 구조물이다.

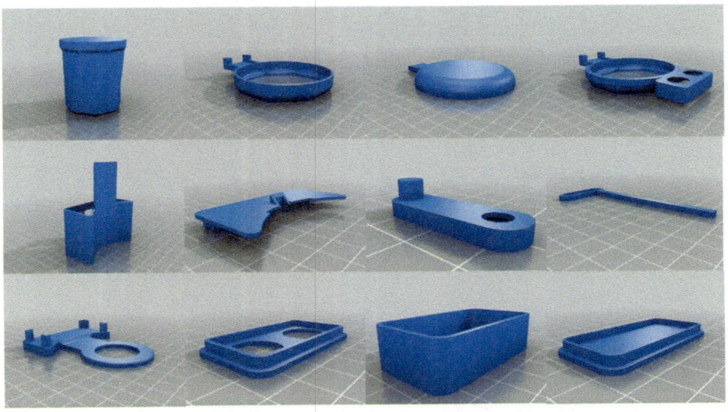

그림 11.7 Automatic Desktop Trashcan 3D 출력 부품

그림 11.8
서보모터의 결합

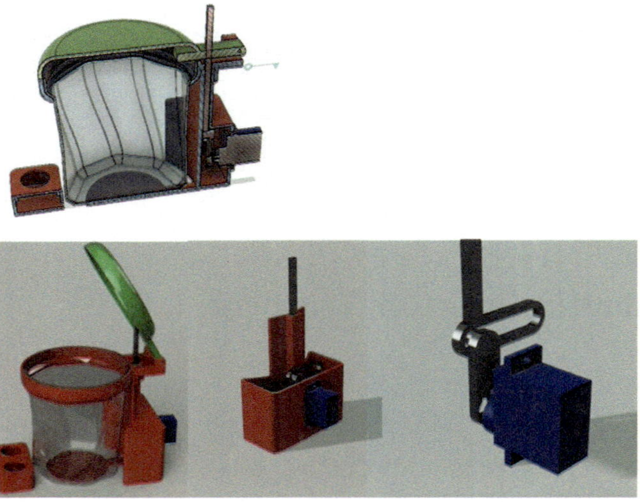

그림 11.9에서 DOWNLOAD ALL FILES 를 선택하여 압축 파일을 다운로드 받아 압축을 풀면 그림 11.10과 같은 13개의 STL 포맷의 3D 모델링 파일과 각 모델링 파일에 대한 이미지가 들어 있다.

그림 11.9
Automatic Desktop Trashcan의 다운로드

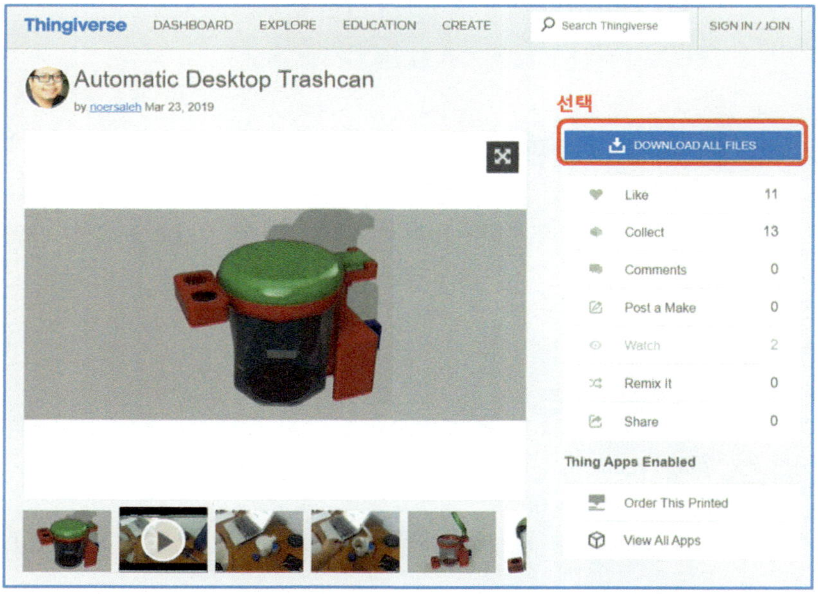

그림 11.10 Automatic_Desktop_Trashcan.zip의 파일

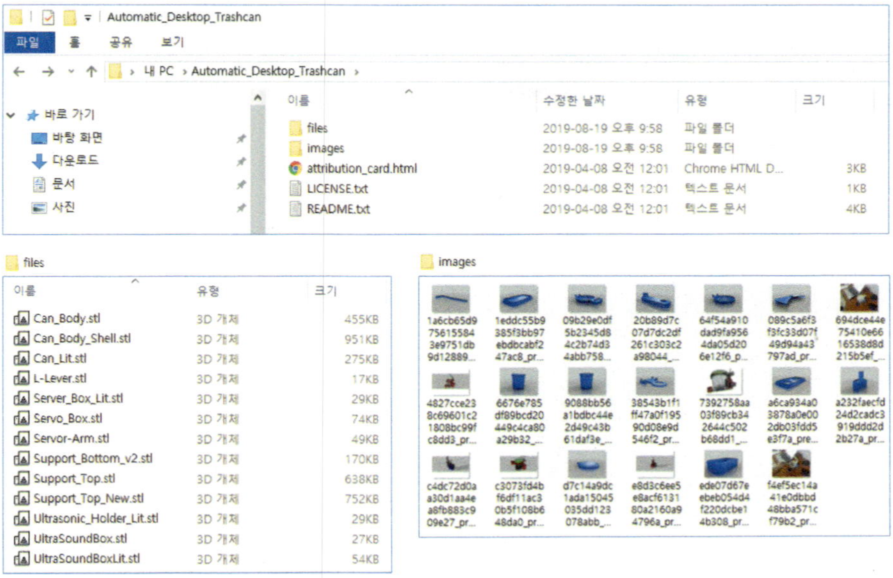

이 자료는 Thingiverse의 https://www.thingiverse.com/thing:3511904에서 제공되는 무료 파일과 이미지를 교육용으로 활용하기 위하여 사용하였다.

CHAPTER

12

SmartTrash 만들기

3D 프린팅 결과물을 Ardublockly로 제어하기 위하여 11장에서 3D 프린팅한 Automatic Desktop Trashcan에 서보모터, 초음파센서, LED, 피에조, 시리얼 통신 등을 적용하여 아두이노 UNO보드로 제어하여 보자. 11장의 Automatic Desktop Trashcan를 앞에서 배운 다양한 Ardublockly 제어방법을 적용하여 SmartTrash로 만들어 본다.

12.1 SmartTrash의 ON/OFF 제어

먼저 Thingiverse의 Automatic Desktop Trashcan를 SmartTrash로 구현하기 위하여 아두이노 보드의 디지털 핀 #6에 서보모터를 연결하고 제어한다. 또한 뚜껑이 열리고 닫치는 것을 제어하기 위하여 디지털 핀 #2에 버튼 스위치를 연결하여 스위치가 눌리면 뚜껑이 열리고 눌리지 않으면 닫히게 한다.

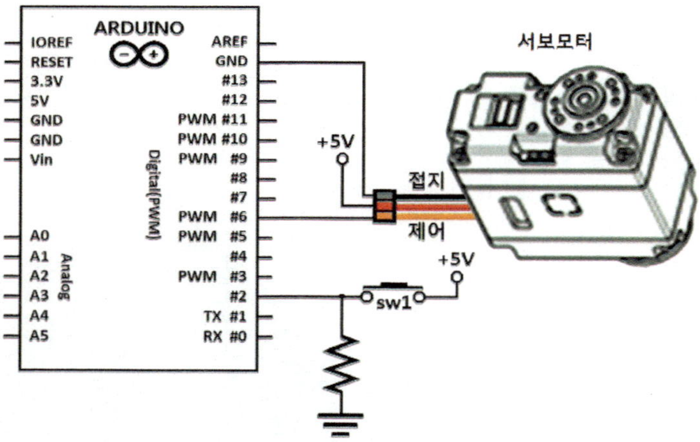

그림 12.1 SmartTrash 아두이노 보드와 서보모터 연결

뚜껑이 과도하게 열리는 것을 방지하기 위하여, 서보모터의 회전각도를 0~90° 범위에서 열리고 닫히도록 한다.

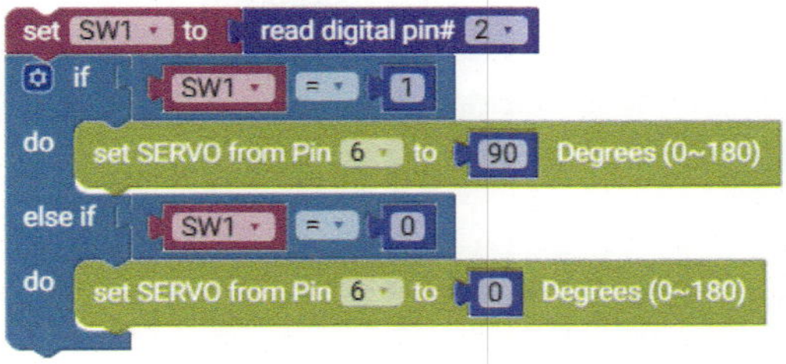

그림 12.2
Ardublockly 블록 프로그램

12.2 SmartTrash의 초음파 센서 제어

Thingiverse의 Automatic Desktop Trashcan가 초음파 센서에 의하여 뚜껑이 열리고 닫히는 것을 제어하기 위하여 그림 12.3과 같이 디지털 핀 #8와 #7에 초음파 센서의 Trig와 Echo를 각각 연결한다.

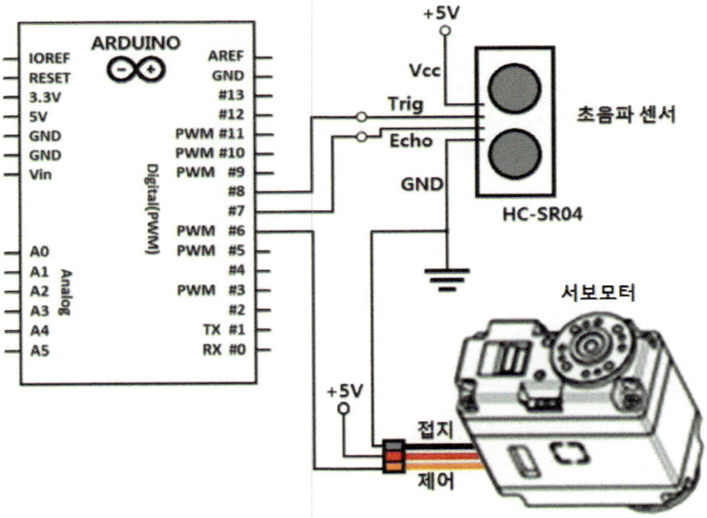

그림 12.3
SmartTrash 아두이노 보드에 서보모터와 초음파 센서 연결

Automatic Desktop Trashcan에 설치한 초음파 센서로 물체가 10cm 이하로 접근하면 뚜껑이 열리고, 그렇지 않으면 뚜껑이 닫히도록 블로그 프로그램을 만든다.

그림 12.4
초음파 센서를 사용한 Ardublockly 블록 프로그램

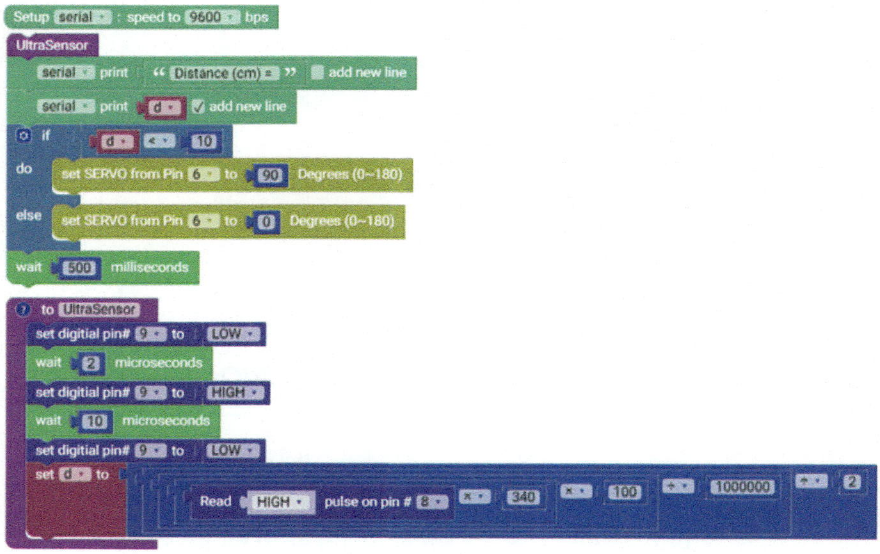

12.3 SmartTrash의 시리얼 통신 제어

Thingiverse의 Automatic Desktop Trashcan가 시리얼 통신에 의하여 뚜껑이 열리면서 4개의 LED가 좌우서 우로 켜지고, 동시에 피에조에서 도레미파의 소리가 나게 하고, 닫치면 반대로 4개의 LED가 우에서 좌로 켜지고, 동시에 피에조에서 파미레도의 소리가 나도록 제어를 해보자.

이를 위하여 표 12.1과 같이 SmartTrash 아두이노 보드에 LED, 피에조, 서버모터 등을 그림 12.5와 같이 연결한다.

표 12.1
SmartTrash 아두이노 보드와 연결된 전자부품

UNO 디지털 핀	연결 부품	비고
#13	LED4	
#12	LED3	
#11	LED2	PWM
#10	LED1	PWM
#7	피에조	
#6	서보모터	PWM
#1	TX	
#0	RX	

그림 12.5
시리얼 모니터를 이용한 SmartTrash 아두이노 보드

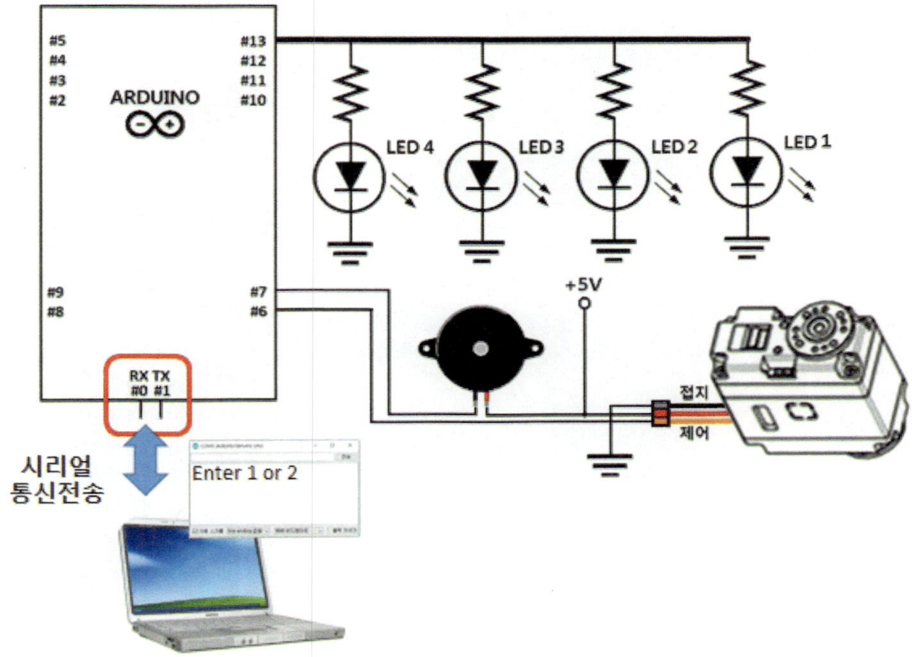

그림 12.6
시리얼 모니터를 이용한 Ardublockly 블록 프로그램 (계속)

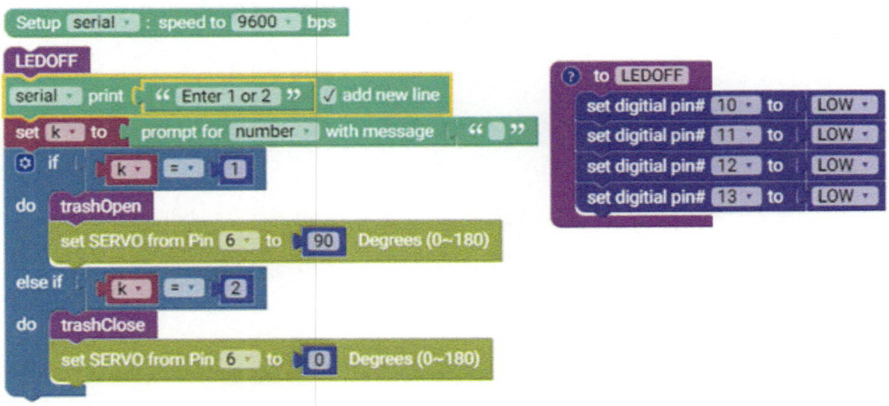

그림 12.6 시리얼 모니터를 이용한 Ardublockly 블록 프로그램

12.4 SmartTrash의 블루투스통신 제어

Thingiverse의 Automatic Desktop Trashcan가 블루투스와 스마트 폰을 이용하여 뚜껑이 열리면서 4개의 LED가 좌우서 우로 켜지고, 동시에 피에조에서 도레미파의 소리가 나게하고, 닫치면 반대로 4개의 LED가 우에서 좌로 켜지고, 동시에 피에조에서 파미레도의 소리가 나도록 제어를 해보자.

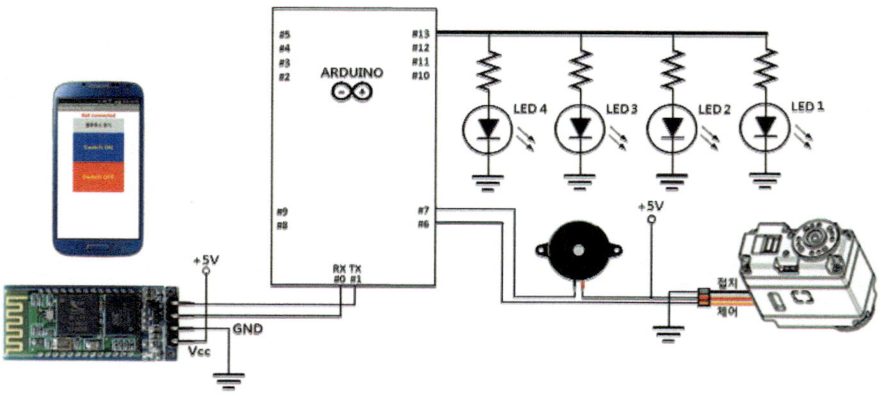

그림 12.7 블루투스 모듈을 사용한 스마트 폰 제어 블록 프로그램

이를 위하여 표 12.2와 같이 SmartTrash 아두이노 보드에 LED, 피에조, 서버모터, 블루투스 모듈 등을 그림 12.7과 같이 연결한다.

표 12.2 SmartTrash 아두이노 보드와 연결된 전자부품

UNO 디지털 핀	연결 부품	비고
#13	LED4	
#12	LED3	
#11	LED2	PWM
#10	LED1	PWM
#9	초음파 센서 Trig	PWM
#8	초음파 센서 Echo	
#7	피에조	
#6	서보모터	PWM
#5	SW4	PWM
#4	SW3	
#3	SW2	PWM
#2	SW1	
#1	블루투스 모듈(RX)	TX
#0	블루투스 모듈(TX)	RX

SmartTrash 아두이노 보드에 설치되는 Ardublockly 블록 프로그램은 12.3절의 시리얼 통신을 위한 프로그램과 동일하다. 컴퓨터와의 시리얼 통신이 스마트 폰과의 블루투스 통신으로 변경된 것이기 때문이다.

스마트 폰에서 BT_ONOFFSW_b.apk App을 실행시키고, 블루투스 찾기 를 선택하여, 블루투스 목록 가운데 SmartTrash 아두이노 보드에 연결된 블루투스 모듈의 이름을 찾아 선택한다.

스마트 폰 화면 윗부분의 **Not connected**이 **연결ON**으로 변경되며 스마트 폰과 SmartTrash 아두이노 보드가 연결된 상태임을 보여준다.

Switch ON 이나 Switch OFF 을 터치하면, Automatic Desktop Trashcan의 뚜껑이 열리고 닫치는 것을 확인할 수 있다.

CHAPTER

13

Ardublockly와 아두이노 스케치

Ardublockly는 아두이노 환경을 기반으로 하여 동작하는 그래픽 프로그래밍 도구이다. 기존의 문장 형태의 프로그램 작성이 아니라 명령블록을 그래픽 적으로 조립하여 쉽게 제어 기능을 구현할 수 있지만 아두이노를 좀더 전문적으로 활용하려면 아두이노 개발환경(IDE)에서 직접 코딩하는 것이 유리하다. 이러한 확장을 위하여 이장에서는 앞에서 설명한 Ardublockly에 대한 아두이노 스케치를 설명한다.

13.1 Blinky 예제의 Ardublockly와 아두이노 스케치

3장에서 처음 다룬 예제 Blinky에 대한 아두이노 스케치를 살펴보자. 3장에서 설명한 것처럼 Blinky 예제는 그림 13.1처럼 아두이노 보드 디지털 핀 #13에 LED를 연결하고 1초 간격으로 LED를 ON/OFF하는 블록 프로그램이며 구체적으로 나타내면 그림 13.2와 같이 된다.

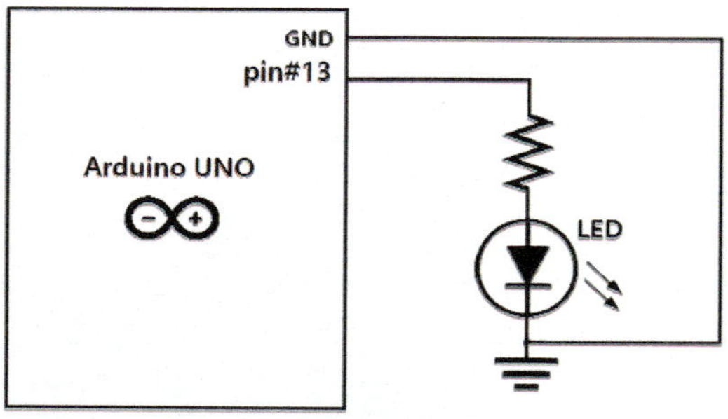

그림 13.1 아두이노 보드에 LED 연결

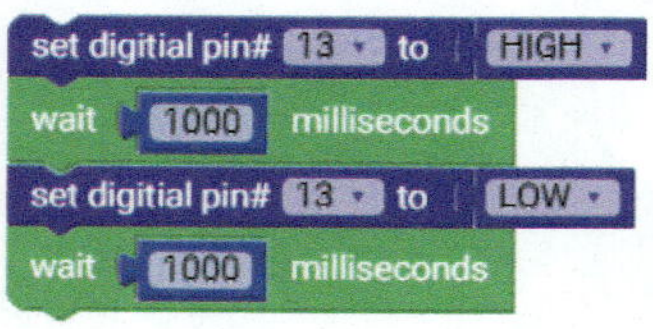

그림 13.2 Blinky

또한 그림 13.2와 같이 블록 프로그램을 작성하면 블록 프로그램 창 오른쪽에 그림 13.3과 같이 Arduino Source Code창에 블록 프로그램에 해당하는 아두이노 스케치가 동시에 생성된다고 설명하였다.

그림 13.3
Ardublockly와 아두이노 코드(스케치)

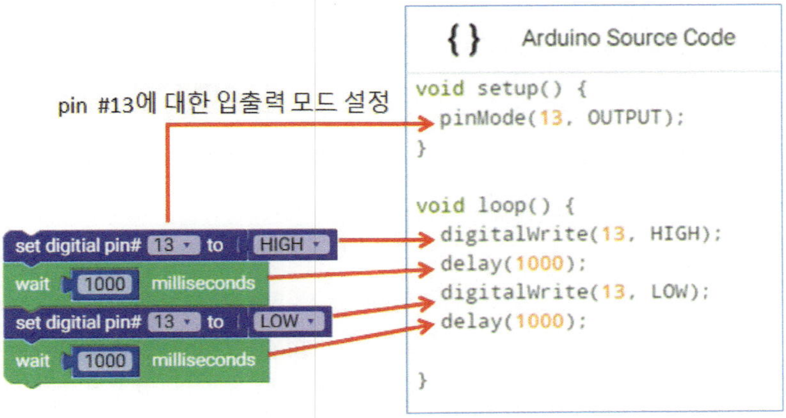

이 Arduino Source Code창에 나타난 아두이노 스케치에 대하여 살펴보자. 그림 13.3의 Arduino Source Code는 아두이노 개발환경(IDE)에서 그림 13.4와 같이 나타난다.

그림 13.4
아두이노 개발환경(IDE)과 스케치

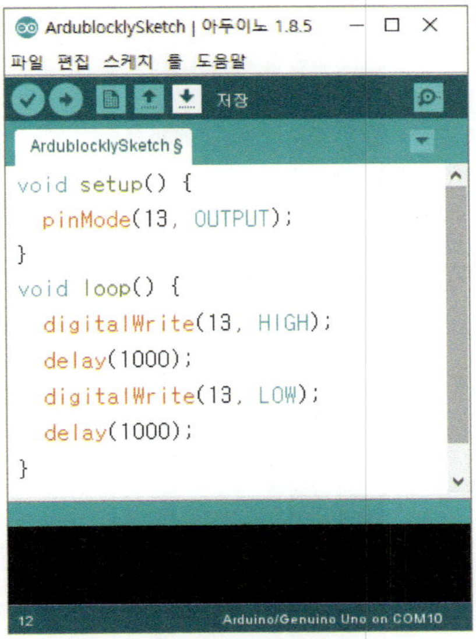

3장에서 설명한 것처럼 그림 3.4의 아두이노 스케치는 `setup()`함수와 `loop()`함수로 구성되는데, `loop()`함수는 아두이노 보드에서 실행될 프로그램이 작성되고, `setup()`함수에서는 아두이노 디지털 핀의 입출력 모드 설정 등과 같이 `loop()`함수에서 필요한 설정이 이루어진다.

이 아두이노 스케치의 구조와 명령어에 대하여 조금 더 자세히 살펴보자.

13.2 아두이노의 입출력 명령어

아두이노 개발환경(IDE)에서 사용되는 프로그램은 비록 코드 형태로 되어있지만 매우 쉬운 구조로 되어 있다.

먼저 1장에서 설명한 것처럼 그림 13.5와 같은 Arduino/Genuino UNO를 기준으로 설명하자면 간단하게 말해서 디지털 입력과 출력이 가능하고, 아날로그 입력과 PWM형태의 아날로그 출력이 가능하며, 시리얼 통신을 통한 입출력이 가능한 전자회로이다.

그림 13.5 아두이노 UNO 보드의 디지털 핀과 아날로그 입력핀

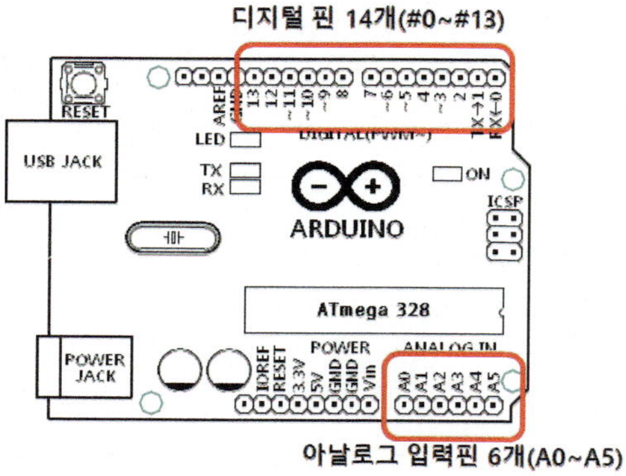

그러므로 이러한 아두이노 보드를 제어하는 명령어도 표 13.1과 같이 디지털 출력 명령어, 디지털 입력 명령어, 아날로그 출력 명령어, 아날로그 입력 명령어, 시리얼 입/출력 명령어 등으로 나누어 볼 수 있다.

표 13.1 아두이노 입출력 명령어

신호 구분	아두이노 함수	사용 예	설명
디지털	digitalWrite( )	digitalWrite(10, HIGH);	핀 #10으로 HIGH 신호 출력
	digitalRead( )	k = digitalRead(10);	핀 #10으로 디지털 신호 입력
아날로그	analogWrite( )	analogWrite(10, 125);	핀 #10으로 PWM신호 125 출력
	analogRead( )	k = analogRead(2);	핀 A2로 아날로그 신호 입력
시리얼 통신	Serial.println( )	Serial.println("Hello");	시리얼 통신으로 "Hello" 출력
	Serial.read( )	k = Serial.read( );	시리얼 통신으로 입력

그런데, 아두이노 보드 디지털 핀 #0~#13은 같은 핀으로 입력과 출력이 가능하므로 이들 핀을 사용하기 전에 사용하는 핀을 입력용으로 사용할 것인지 출력용으로 사용할 것인지 지정하는 작업이 필요하고, 시리얼 통신의 경우 컴퓨터 등과 아두이노 보드가 통신하기 위한 통신 속도 등이 미리 지정되어야 한다.

이러한 설정은 프로그램이 실행되기 전에 이루어져야하기 때문에 아두이노 스케치에서 `setup()`함수를 통해서 설정하게 되며, 반복적으로 계속 수행이 되어야하는 메인 프로그램 부분은 `loop()`함수 부분에 작성하게 된다.

앞의 13.1절의 Blinky예제를 예로 설명하면, 그림 13.1은 아두이노 보드 디지털 핀 #13을 출력 핀으로 사용하여 LED를 연결한 것이다.

그리고 Ardublockly를 사용하여 LED를 켜거나 끄기 위해서 그림 13.2와 같이 블록 명령어 `set digitial pin# 13 to HIGH`과 `set digitial pin# 13 to LOW`를 각각 사용하였다. 그림 13.3의 Arduino Source Code를 보면 이에 해당하는 아두이노 스케치 명령어는 각각 `digitalWrite(13, HIGH);`과 `digitalWrite(13, LOW);`이다.

그런데 Ardublockly에서는 디지털 핀 #13을 출력으로 사용하지만 별도의 설정 과정을 가지지 않았다. 하지만 그림 13.3의 Arduino Source Code를 보면 `setup()` 함수 부분에 `pinMode(13, OUTPUT);`이 자동으로 생성되어 있는 것을 볼 수 있다.

13.3 변수와 함수 사용하기

그림 3.22의 변수와 함수를 이용한 LED ON/OFF 제어

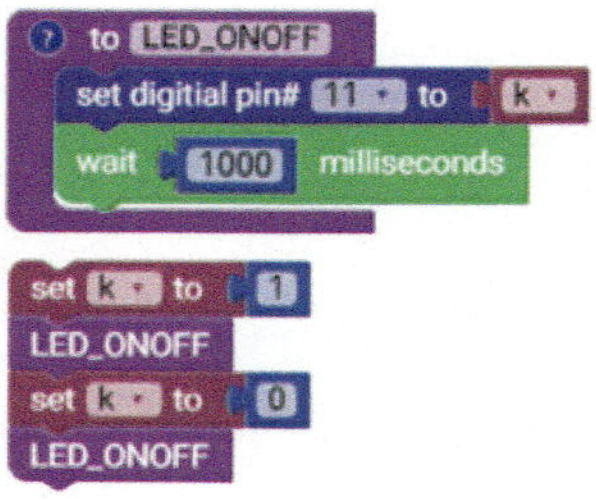

그림 13.6
아두이노 UNO보드의 디지털 핀과 아날로그 입력핀

```
int k;
void LED_ONOFF() {
  digitalWrite(11, k);
  delay(1000);
}
void setup() {
  pinMode(11, OUTPUT);
}
void loop() {
  k = 1;
  LED_ONOFF();
  k = 0;
  LED_ONOFF();
}
```

13.4 4개의 LED를 On/OFF 하기

그림 13.7의 4개의 LED 함수를 이용한 제어

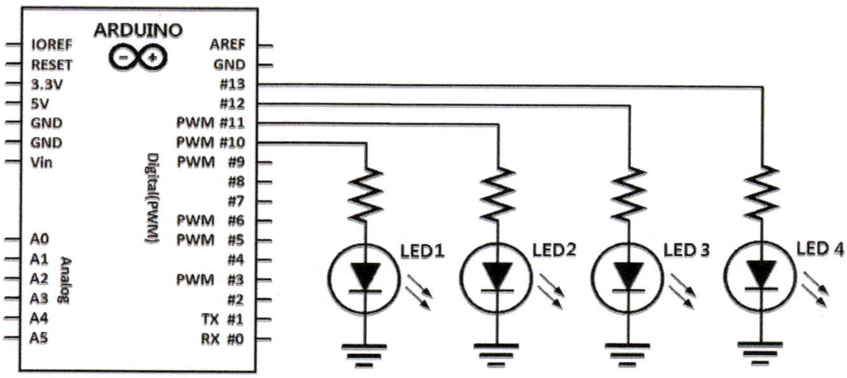

그림 13.7
UNO 보드 디지털 핀 #10~#13번에 LED 연결

표 13.2
LED 4개의 동작

	04.(1)	04.(2)	04.(3)	04.(4)
동작	LED4 LED3 LED2 LED1 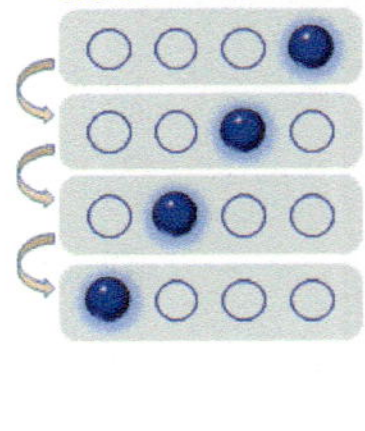	LED4 LED3 LED2 LED1 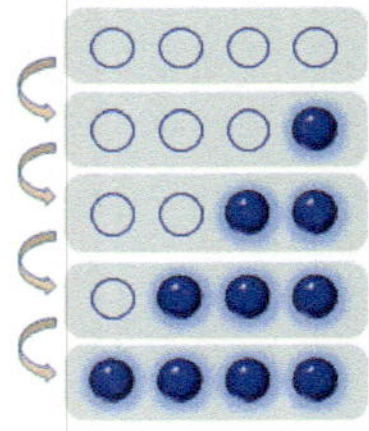	LED4 LED3 LED2 LED1 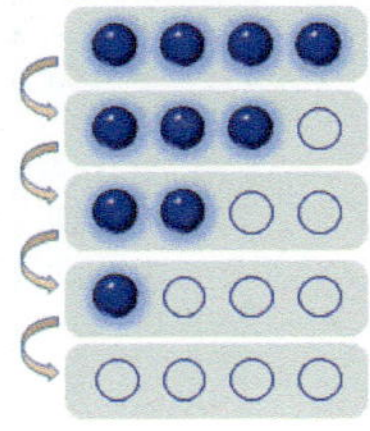	LED4 LED3 LED2 LED1 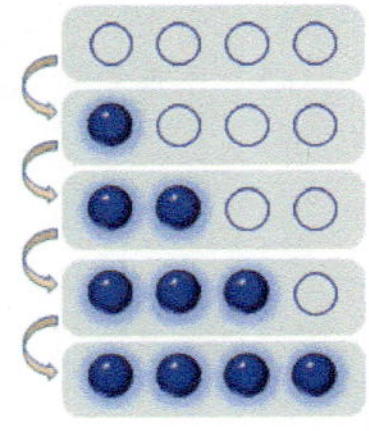

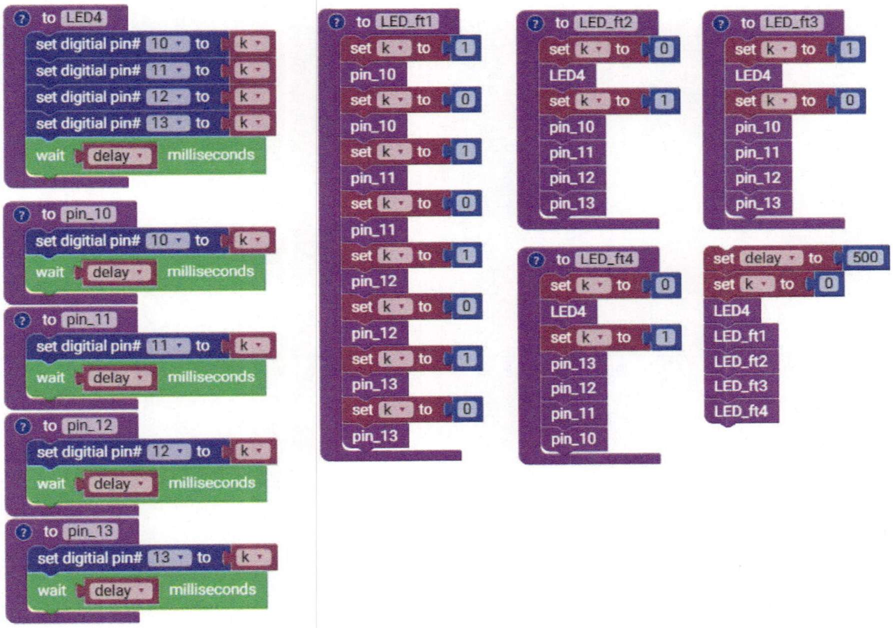

그림 13.8
4개의 LED 함수
Ardublockly

그림 13.9는 그림 13.8의 Ardublockly에 대한 아두이노 스케치이고, 그림 13.10은 아두이노 스케치에서 어레이와 반복문을 사용한 개선 아두이노 스케치 예로 그림 13.9보다 프로그램이 효율적으로 구성되어 있다.

그림 13.9
4개의 LED 함수 Ardublockly의 아두이노 스케치

```
int k;
int delay2;

void setup() {
  pinMode(10, OUTPUT);
  pinMode(11, OUTPUT);
  pinMode(12, OUTPUT);
  pinMode(13, OUTPUT);
}
```

```
void loop() {
  delay2 = 500;
  k = 0;
  LED4();
  LED_ft1();
  LED_ft2();
  LED_ft3();
  LED_ft4();
}
```

```
void LED4() {
  digitalWrite(10, k);
  digitalWrite(11, k);
  digitalWrite(12, k);
  digitalWrite(13, k);
  delay(delay2);
}
```

```
void pin_10() {
  digitalWrite(10, k);
  delay(delay2);
}

void pin_11() {
  digitalWrite(11, k);
  delay(delay2);
}

void pin_12() {
  digitalWrite(12, k);
  delay(delay2);
}

void pin_13() {
  digitalWrite(13, k);
  delay(delay2);
}
```

```
void LED_ft1() {
  k = 1;
  pin_10();
  k = 0;
  pin_10();
  k = 1;
  pin_11();
  k = 0;
  pin_11();
  k = 1;
  pin_12();
  k = 0;
  pin_12();
  k = 1;
  pin_13();
  k = 0;
  pin_13();
}
```

```
void LED_ft2() {
  k = 0;
  LED4();
  k = 1;
  pin_10();
  pin_11();
  pin_12();
  pin_13();
}
```

```
void LED_ft3() {
  k = 1;
  LED4();
  k = 0;
  pin_10();
  pin_11();
  pin_12();
  pin_13();
}
```

```
void LED_ft4() {
  k = 0;
  LED4();
  k = 1;
  pin_13();
  pin_12();
  pin_11();
  pin_10();
}
```

그림 13.10
4개의 LED 함수 개선된 아두이노 스케치

```
int pinLED[4]={10,11,12,13};
int k;
int dTime=500;

void setup() {
 for(k=0; k<4; k++){
  pinMode(pinLED[k], OUTPUT);
 }
}
```

```
void loop() {
  LED_ft1();
  LED_ft2();
  LED_ft3();
  LED_ft4();
}
```

```
void LED_ON(){
 for(k=0; k<4; k++){
  digitalWrite(pinLED[k], HIGH);
 }
}
```

```
void LED_ft1(){
 LED_OFF();
 for(k=0; k<4; k++){
  digitalWrite(pinLED[k], HIGH);
  delay(dTime);
  digitalWrite(pinLED[k], LOW);
  delay(dTime);
 }
}
```

```
void LED_ft2(){
 LED_OFF();
 for(k=0; k<4; k++){
  digitalWrite(pinLED[k], HIGH);
  delay(dTime);
 }
}
```

```
void LED_OFF(){
 for(k=0; k<4; k++){
  digitalWrite(pinLED[k], LOW);
 }
}
```

```
void LED_ft3(){
 LED_ON();
 for(k=0; k<4; k++){
  digitalWrite(pinLED[k], LOW);
  delay(dTime);
 }
}
```

```
void LED_ft4(){
 LED_OFF();
 for(k=3; k>=0; k--){
  digitalWrite(pinLED[k], HIGH);
  delay(dTime);
  }
}
```

13.5 LED 밝기 조정하기

그림 13.11의 LED 밝기 조정 제어

그림 13.11
아두이노 보드 PWM핀 #11에 LED 연결

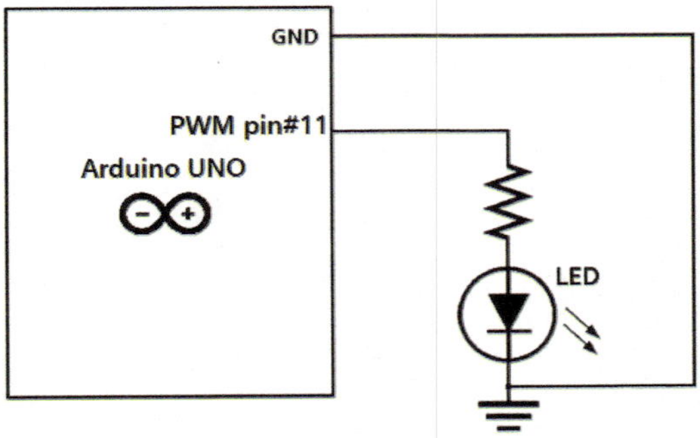

그림 13.12
PWM신호와 아날로그 출력

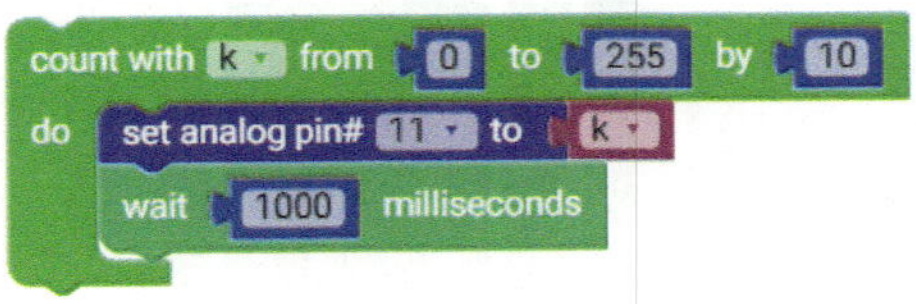


```
int k;
void setup() {
  pinMode(11, OUTPUT);
}

void loop() {
  for (k = 0; k <= 255; k += 10) {
    analogWrite(11, k);
    delay(1000);
  }
}
```

13.6 스위치 4개로 4개의 LED 제어하기

그림 13.13의 버튼 스위치 4개로 4개의 LED 제어

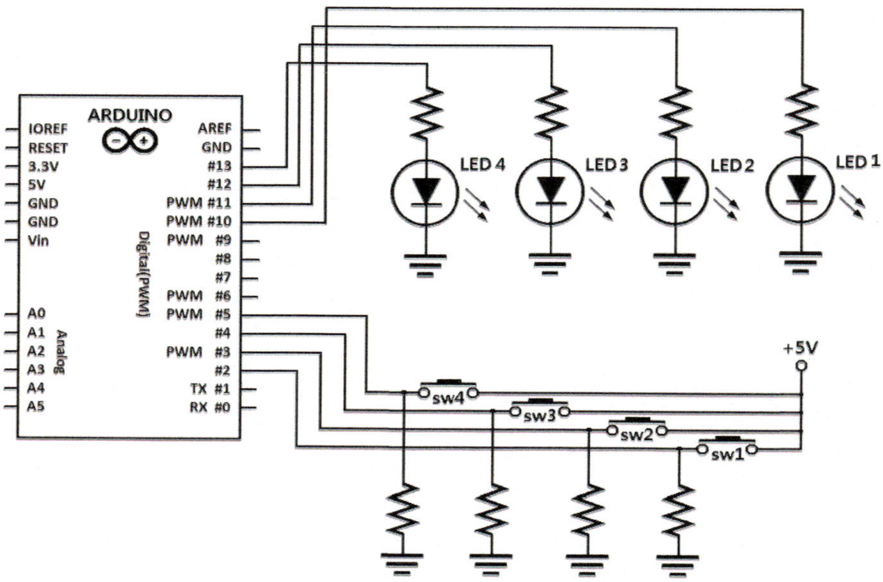

그림 13.13 디지털 핀 #2~#5번에 버튼 스위치 연결, 디지털 핀 #10~#13번에 LED 연결

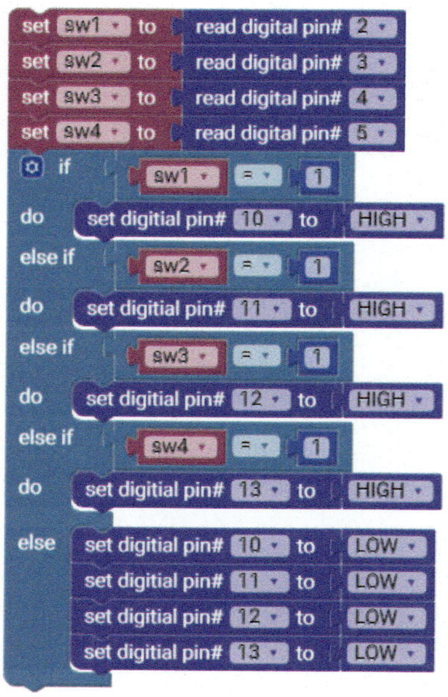

그림 3.14 버튼 스위치 4개로 LED 선택 제어 (Ardublockly)

그림 3.15
버튼 스위치 4개로 LED 선택 제어(아두이노 스케치)

```
int pinSW[4]={2,3,4,5};
int pinLED[4]={10,11,12,13};
int k;
void setup() {
  for(k=0; k<4; k++){
    pinMode(pinSW[k], INPUT);
    pinMode(pinLED[k], OUTPUT);
  }
}
```

```
void loop() {
  if (digitalRead(pinSW[0]) == 1) {
     digitalWrite(pinLED[0], HIGH);
  }
  else if (digitalRead(pinSW[1]) == 1) {
     digitalWrite(pinLED[1], HIGH);
  }
  else if (digitalRead(pinSW[2]) == 1) {
     digitalWrite(pinLED[2], HIGH);
  }
  else if (digitalRead(pinSW[3]) == 1) {
     digitalWrite(pinLED[3], HIGH);
  }
  else{
   for(k=0; k<4; k++){
     digitalWrite(pinLED[k], LOW);
   }
  }
}
```

13.7 피에조로 악기 만들기

그림 13.16의 버튼 스위치를 이용한 피에조 제어

그림 3.16
아두이노 보드에 버튼 스위치 4개와 피에조 연결

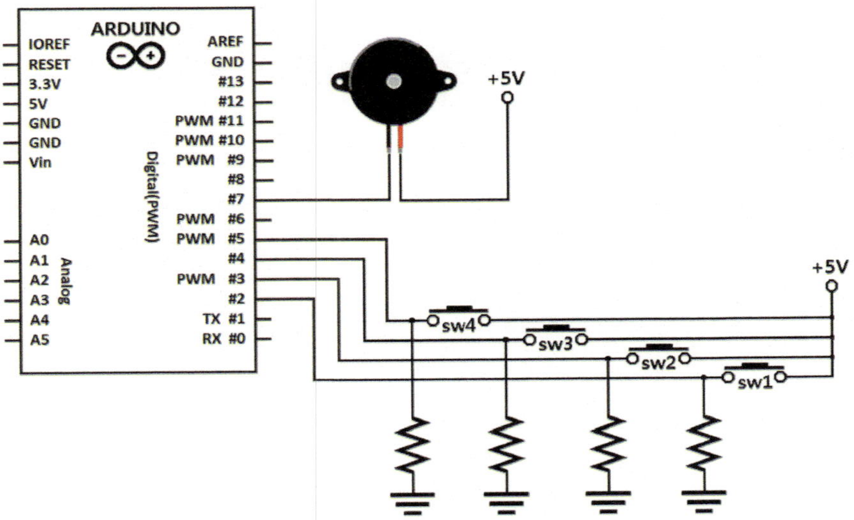

그림 13.17
버튼 스위치로 소리내기 (Ardublockly)

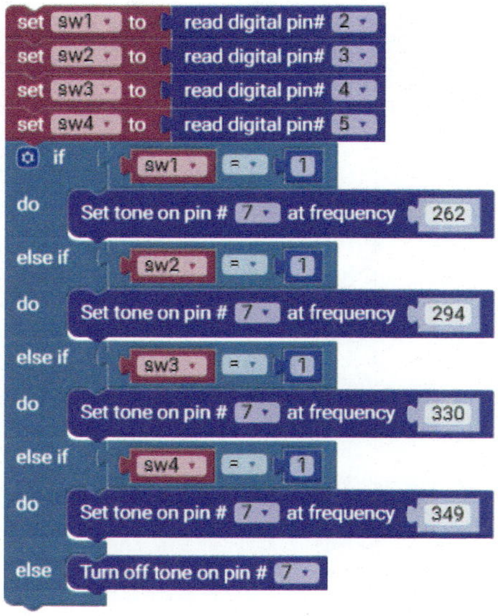

그림 13.18
버튼 스위치로 소리내기(아두이노 스케치)

```
int pinSW[4]={2,3,4,5};
int pinPiezo=7;
int freq[4]={262, 294, 330, 349};
int val=0;

void setup() {
  pinMode(pinPiezo, OUTPUT);
  for(int k=0; k<4; k++){
    pinMode(pinSW[k], INPUT);
  }
}
```

```
void loop() {
  for(int k=0; k<4; k++){
    val=digitalRead(pinSW[k]);
    if (val) {
      tone(pinPiezo, freq[k]);
      while(digitalRead(pinSW[k]));
      noTone(pinPiezo);
    }
  }
}
```

13.8 시리얼 통신으로 LED 제어하기

그림 13.19의 시리얼 통신으로 LED 제어

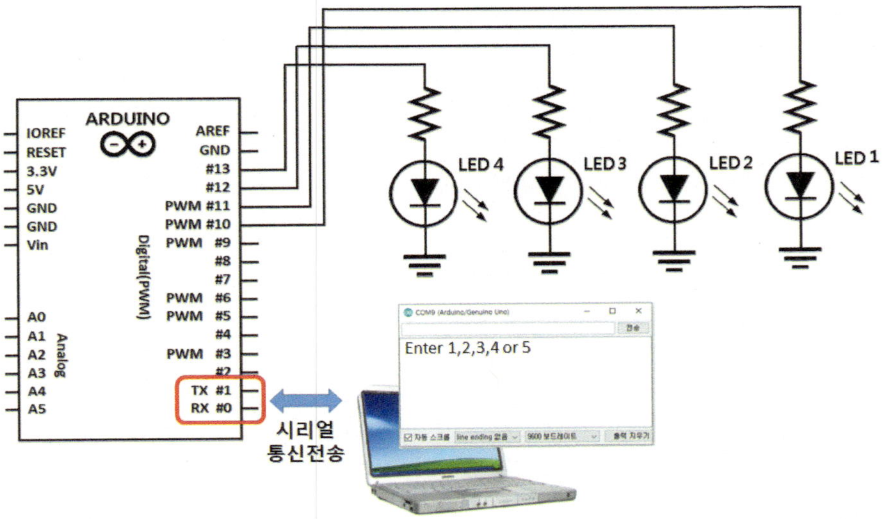

그림 13.19
시리얼 통신으로 LED 제어하기

그림 13.20
시리얼 통신으로 LED 제어하기 (Ardublockly)

그림 13.21 시리얼 통신으로 LED 제어하기 (아두이노 스케치)

```
int pinLED[4]={10,11,12,13};
int k;

void setup() {
  Serial.begin(9600);
  for (int k=0; k<4; k++){
    pinMode(pinLED[k],OUTPUT);
  }
  Serial.println("Enter 1,2,3,4 or 5");
}
```

```
void LED_OFF() {
      for (k=0; k<4; k++){
        digitalWrite(pinLED[k], LOW);
      }
}
```

```
void loop() {
  if(Serial.available()){
    int val=Serial.read()-48;
    Serial.println(val);
    switch (val) {
    case 1:
      digitalWrite(pinLED[0], HIGH);
    break;
    case 2:
      digitalWrite(pinLED[1], HIGH);
    break;
    case 3:
      digitalWrite(pinLED[2], HIGH);
    break;
    case 4:
      digitalWrite(pinLED[3], HIGH);
    break;
    default:
      LED_OFF()1;
    break;
    }
  }
}
```

13.9 서보모터 제어하기

그림 13.22의 서보모터 제어

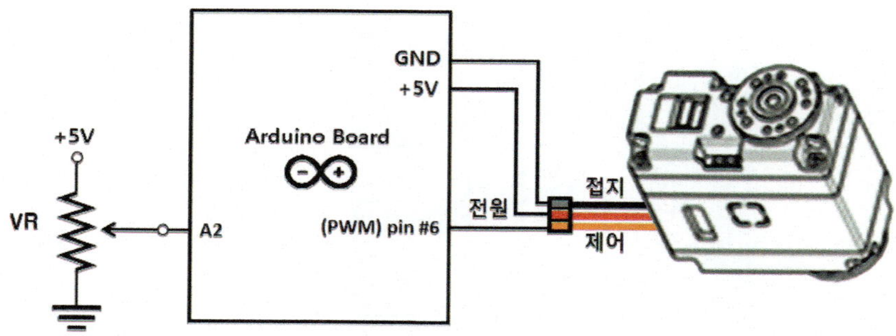

그림 13.22 서보모터 회전제어 명령블록

그림 13.23 가변저항을 사용한 서보모터의 0~180° 회전 (Ardublockly)

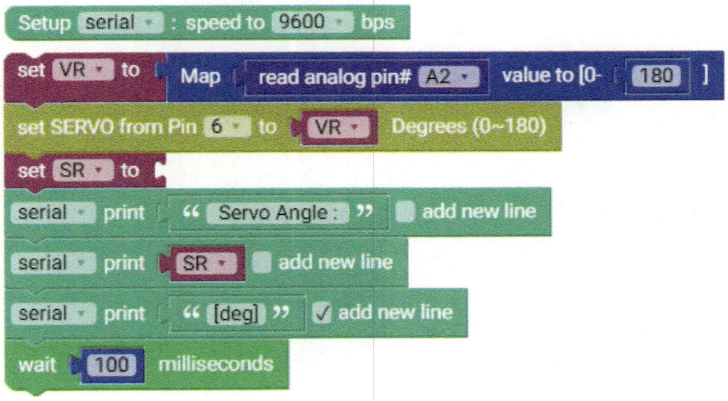

그림 13.24 가변저항을 사용한 서보모터의 0~180° 회전 (아두이노 스케치)

```
#include <Servo.h>
int VR;
int SR;

Servo myServo6;
```

```
void setup() {
  Serial.begin(9600);
  pinMode(A2, INPUT);
  myServo6.attach(6);
}
```

```
void loop() {
  VR = (map(analogRead(A2), 0, 1024, 0, 180));
  myServo6.write(VR);
  SR = myServo6.read();
  Serial.print(" Servo Angle : ");
  Serial.print(SR);
  Serial.println("[deg]");
  delay(100);
}
```

A

APPENDIX

스마트폰 제어 App 만들기

앱인벤터는 구글에서 제공하는 안드로이드 장치를 위한 앱(App)을 제작하는 도구이다. 손쉽게 스마트 폰용 앱(App) 개발이 가능하다. 앱인벤터를 사용하기 위해서는 구글 아이디 등이 있어야하므로 검색엔진을 구글 환경에서 사용할 것을 권장한다.

설치 방법은 구글 검색창에서 앱인벤터를 검색하거나,
"http://appinventor.mit.edu/"에 접속하여 실행시킬 수 있다.

그림 A.1
앱인벤터 검색

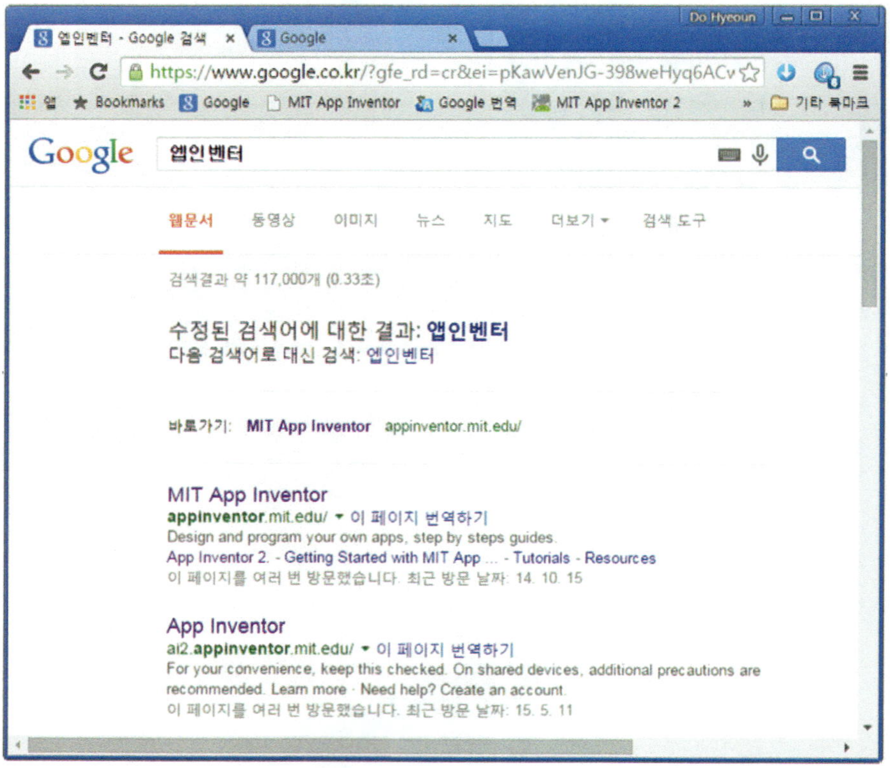

그림 A.2
앱인벤터
웹사이트

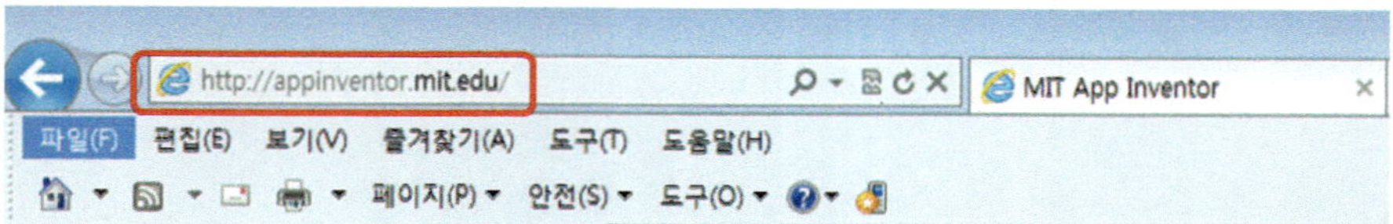

A.1 앱인벤터 실행하기

앱인벤터로 앱(App)을 제작하기 위하여 앱인벤터의 초기화면에서 그림 A.3과 같이 Create Apps! 를 선택한다.

그림 A.3 앱인벤터 초기화면

http://appinventor.mit.edu/

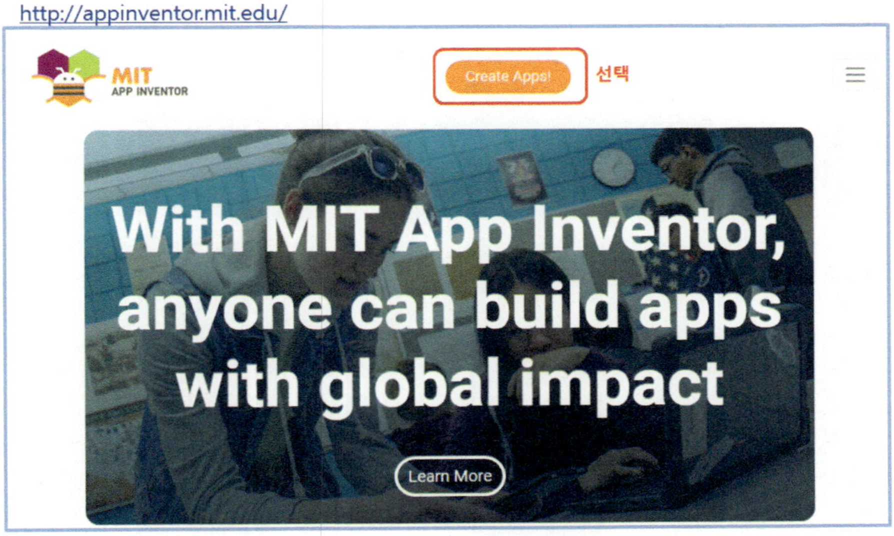

Create Apps! 를 더블클릭하면 그림 A.4와 같은 창이 나타난다. 실행을 위하여 Continue를 누른다.

그림 A.4 앱인벤터 초기화면

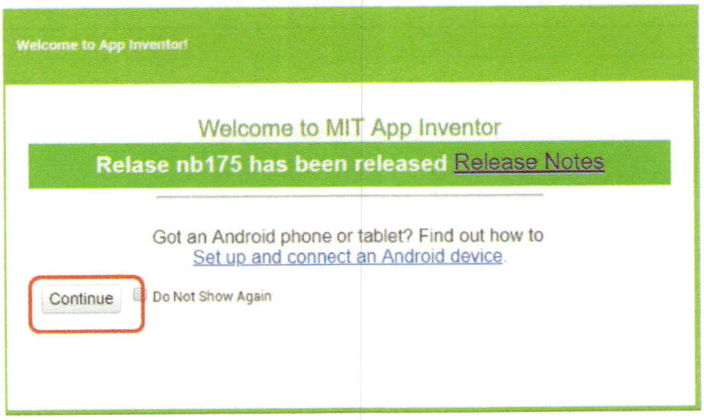

A.2 앱인벤터의 구성

구글 앱인벤터는 앱(App) 개발이 표 A.1과 같이 2단계로 이루어져 있다. 1단계는 Designer 창에서 제작할 앱(App)의 화면을 구성하고, 2번째 단계는 Blocks 창에서 앱(App)에서 동작하는 기능을 프로그래밍 한다. 2가지 단계가 완료되면, 스마트 폰에 설치할 수 있는 .apk파일을 생성한다.

표 A.1
앱인벤터의 구성

1단계 : Desiner	2단계 : Blocks
앱인벤터에서 앱(App)의 모양과 기능을 배치하고 디자인 하는 곳 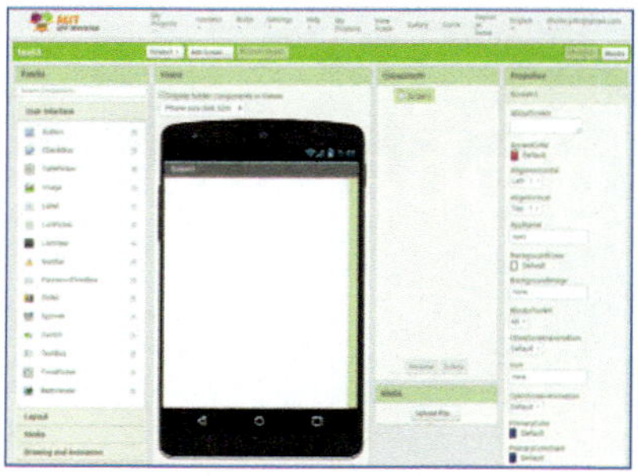	기능을 수행할 명령 블록을 조립하는 곳 컴포넌트 동작을 정의 레고 조립처럼 시각적으로 프로그램 제작 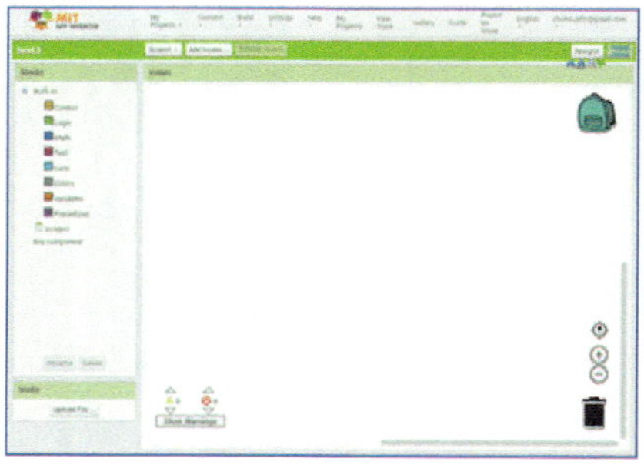

A.3 앱(App) 제작1 : BT_ONOFFSW_b App 만들기

블루투스 통신을 통한 스위치 ON/OFF 기능을 할 수 있는 그림 A.5와 같은 앱(App) "BT_ONOFFSW_b"을 만들어 보자.

그림 A.5
BT_ONOFFSW_b.apk 실행화면

(1) 1단계 : 디자이너 창에서 편집

새로운 앱인벤터에서 앱의 제작은 프로젝트 단위로 이루어지며, 디자이너 창에서 이름을 따로 지정하지 않으면 프로젝트 이름이 완성된 앱(App)의 이름이 된다.

그림 A.6
새로운 프로젝트 시작

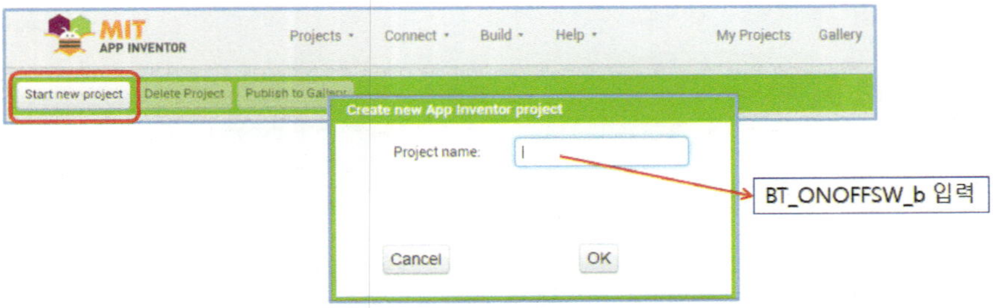

프로젝트의 이름을 설정하고 OK를 누르면 앱(App)을 만드는 1단계 작업이 시작된다.

창의 왼쪽에 있는 그림 A.7과 같은 Palette에서 배치하기 원하는 컴퍼넌트를 선택하여 drag-drop하여 원하는 기능을 구성한다.

그림 A.7
디자이너 (Designer) 창의 Palette

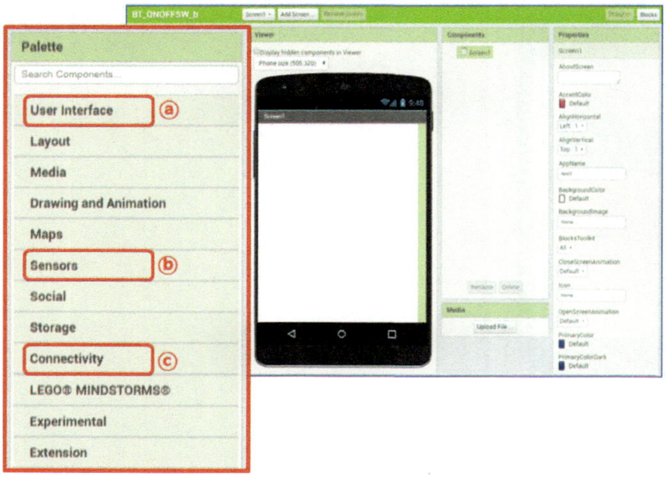

디자이너 창의 viewer에 Palette에서 그림 A.8를 참고하여 각 컴퍼넌트를 배치한다.

그림 A.8
BT_ONOFFSW_b.apk 실행화면

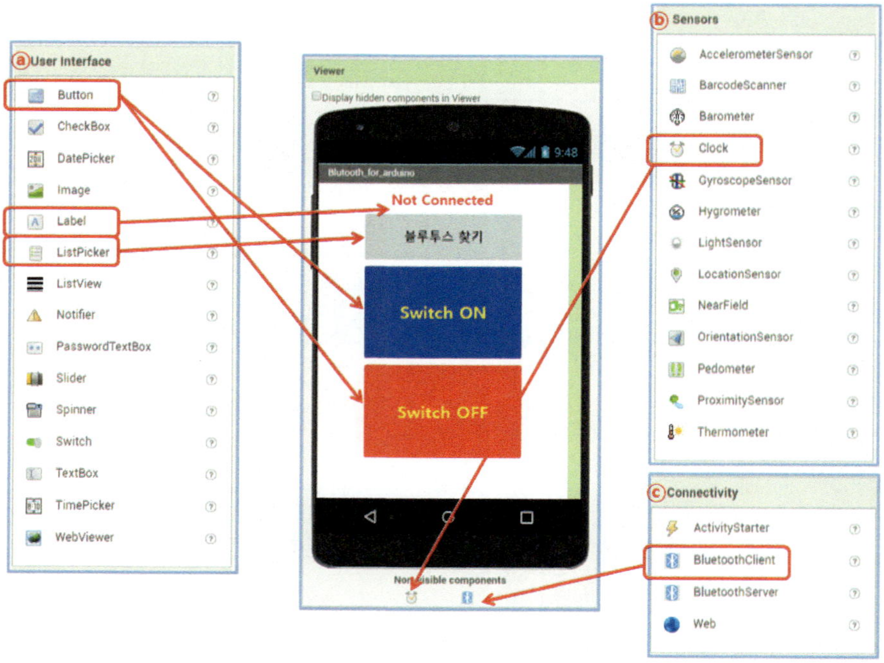

viewer창에 컴퍼넌트들이 배치되면 각 컴퍼넌트의 이름이 Components창에 그림 A.9와 같이 나타난다.

그림 A.9
배치된
컴퍼넌트의 이름

(2) 블록(Blocks) 창에서 작성

그림 A.10
블록(Blocks) 창

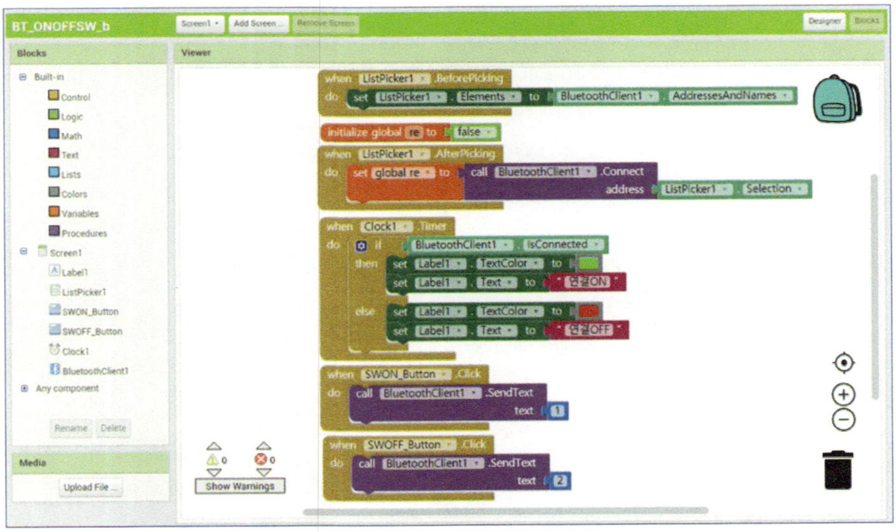

블록(Blocks) 창에서 그림 A.11를 참고하여 앱(App)의 화면과 기능을 프로그램 한다.

그림 A.11
블록 프로그램 작성 방법

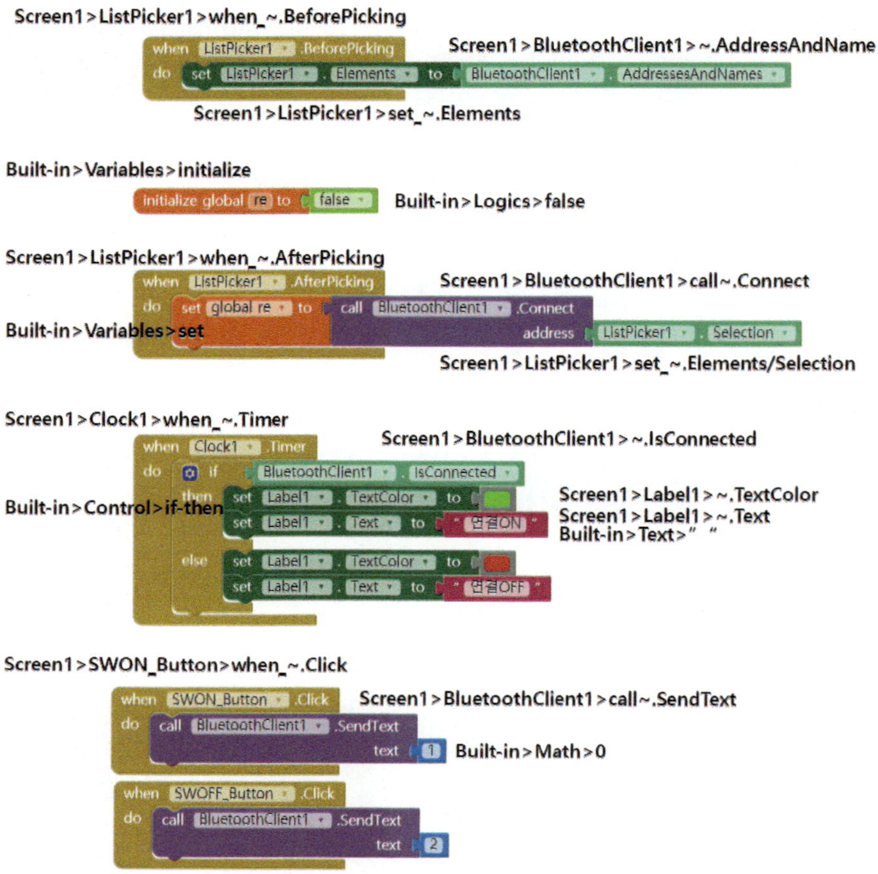

그림 A.12
if문 확장

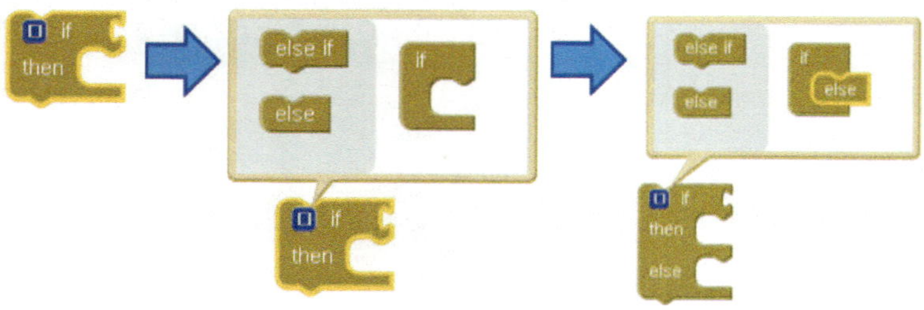

그림 A.13 완성된 블록 프로그램

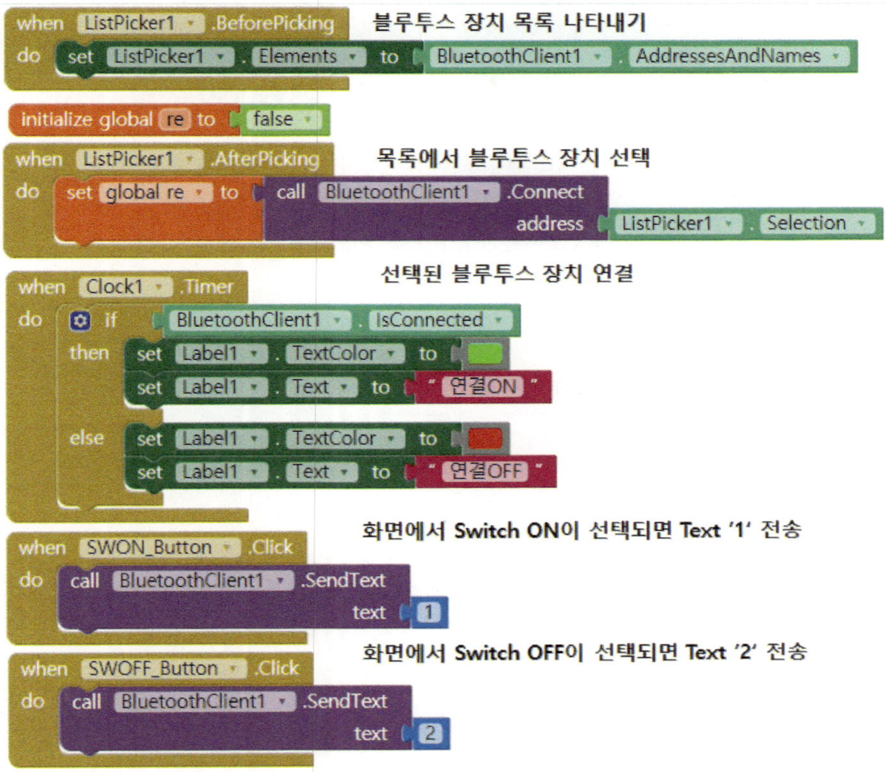

(3) 앱(App)의 생성

컴포넌트 디자이너와 블록 에디터를 통하여 만들어진 프로젝트를 앱(App)으로 생성시켜보자.

앱인벤터 가장 위쪽 메뉴에서 Build ▾ 를 클릭하면 그림 A.14와 같이 2개의 선택 가능한 텝이 나타난다.

그림 A.14 앱(App) 생성

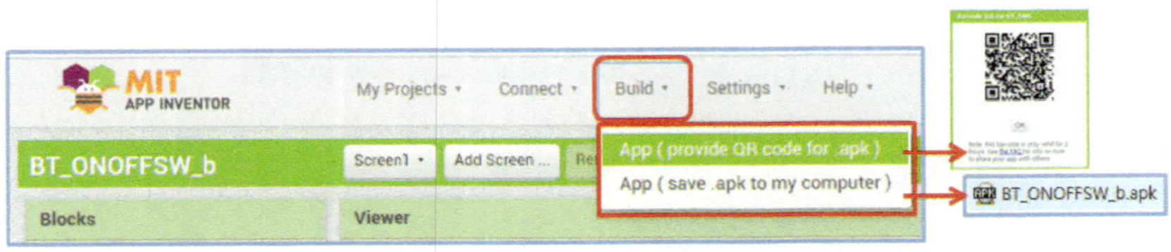

다음 표 A.2와 같이 앱(App)을 생성하는 2가지 방법을 사용할 수 있다.

표 A.2 앱인벤터의 앱(App) 생성과 설치 방법

앱(App) 생성 방법	스마트 폰 설치 과정
App(provide QR code for .apk)  	QRcode가 생성 스마트 폰으로 QRcode를 스캔하면, 앱인벤터 호스트에 접속하여 apk파일을 스마트 폰에 다운로드하여 설치
App(save .apk to my computer)  	***.apk 파일이 생성 앱인벤터 호스트에 접속하여 apk파일을 생성하여 개발용 PC에 저장

이렇게 생성된 apk파일은 기존의 앱(App)들처럼 스마트폰에 설치하여 사용할 수 있다.

(4) 테스트

아두이노 보드에 블루투스 모듈과 LED를 연결하고 그림 A.15의 블록 프로그램을 업로드 한다.

스마트 폰에서 LED제어를 위하여 설치한 앱(App) "BT_ONOFFSW_b"를 실행시키고 아두이노 보드의 블루투스와 연결한 후  이나  을 터치하여 아두이노 보드의 LED를 제어한다.

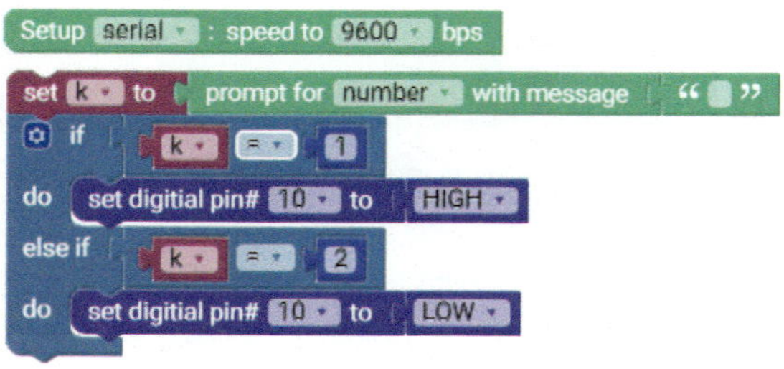

그림 A.15 시리얼 통신에 의한 ON/OFF 블록 프로그램

A.4 앱(App) 제작2 : Blockly_BTSW5 App 만들기

다음과 같이 5개의 스위치 기능을 할 수 있는 앱(App)을 만들어 보자.

그림 A.16
Blockly_BTSW5.apk 앱(App)

App 선택	스위치 값
SW1	1
SW2	2
SW3	3
SW4	4
SW OFF	5

(1) 디자이너(Designer) 구성

블루투스 기능을 사용할 수 있는 부분과 5개의 버튼을 다양한 용도에 유용하도록 다음과 같이 배치한다.

그림 A.17
Blockly_BTSW5의 Designer 구성

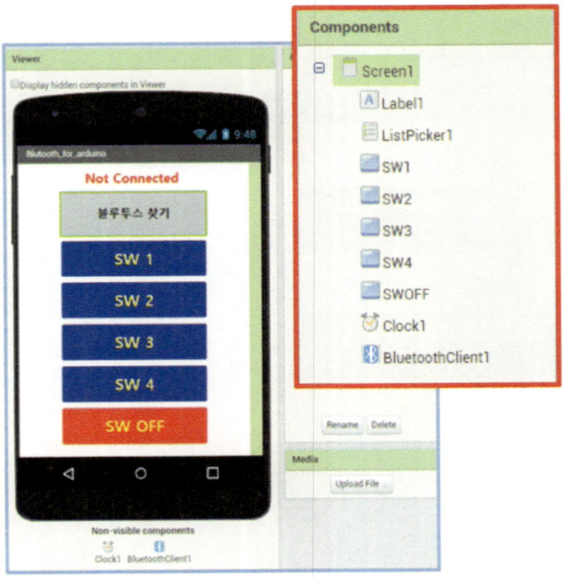

(2) 블록(Blocks) 구성

그림 A.18
Blockly_BTSW5의 Blocks 구성

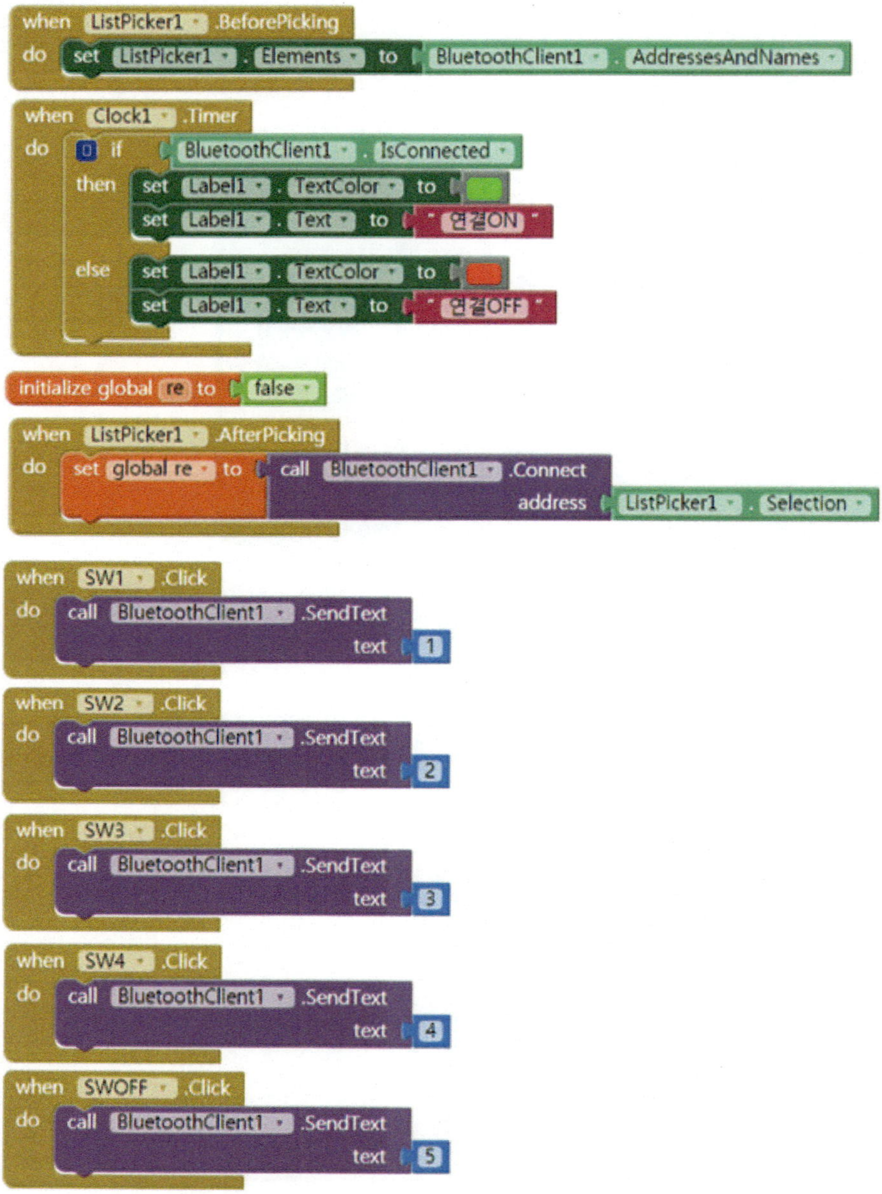

B

APPENDIX

베이스 보드 활용

아두이노 보드를 사용하여 LED, 스위치, 서보모터, 피에조 등 전자부품을 제어하려면 전자회로를 구성하여야 한다.

B.1 전자제어 회로 제작

Ardublockly로 아두이노 보드를 제어하는 것은 이러한 전자부품들에 전원을 공급하거나 차단하는 전자적인 스위치의 역할을 하는 것이기 때문이다.

예를 들면 그림 B.1(a)는 LED를 버튼 스위치로 켜고 끄는 회로이고, (b)는 버튼 스위치 대신 아두이노 보드에서 프로그램에 의하여 LED의 켜고 끄는 것을 제어하는 회로이다.

그림 B.1
LED를 켜고 끄는 회로

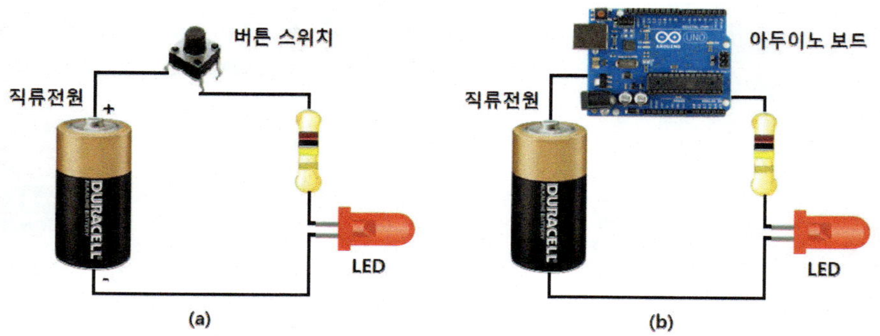

좀더 자세히 설명하면, 그림 B.1(a)에서 버튼 스위치가 눌려지면 직류전원의 +에서 전류가 버튼 스위치를 지나 저항을 거처 LED를 통과하여 직류전원의 -로 흘러가게 되면 LED에 불이 켜지게 되는 것이고, 이 전류의 흐름이 버튼 스위치에 의하여 차단되면 전류가 흐르지 못하여 LED에 불리 켜지지 않게 된다. 이 전류흐름을 제어하는 스위치 역할을 아두이노 보드가 하게 되는 것이다. 그러므로 프로그램에 앞에서 아두이노 보드와 LED가 이러한 흐름이 되도록 전기적인 회로 구성이 되어야 한다.

그림 B.2는 이러한 전지회로가 되도록 브레드보드를 사용하여 아두이노 보드의 디지털 핀 #5와 LED, 저항을 연결한 것이다.

그림 B.2
아두이노 보드와 LED 회로

Ardublockly를 사용하여 비쥬얼 코딩 방식으로 LED, 스위치, 서보모터, 피에조 등 전자부품을 아두이노 프로그래밍으로 제어하려면 이들 전자 소자를 적절한 방법으로 아두이노 보드에 연결하여야 한다.

이 책은 Ardublockly의 다양한 블록 프로그래밍으로 쉽게 아두이노 보드의 활용하고 컴퓨터적 사고능력을 향상시키는 것을 돕는 목적으로 만들어졌다. 그러므로 3장에서 13장까지의 프로그래밍 실습을 위하여 기존에 가지고 있거나 주변에서 구할 수 있는 각 개인이 가진 다양한 실습 세트를 활용하는 것을 적극 권장한다.

B.2 실습용 베이스 보드

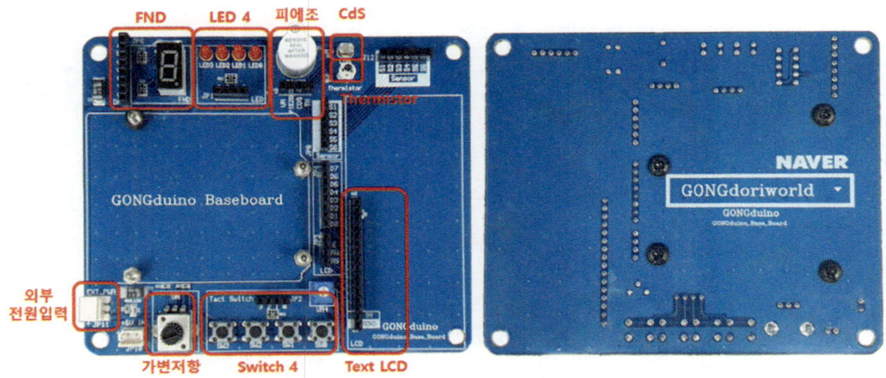

(a)베이스 보드 앞면 (b)베이스 보드 뒷면

그림 B.3
실습용 베이스 보드

그러나 초보의 입문자들과 전자 제어회로를 쉽게 구성하고 프로그래밍하기 위하여 그림 B.3과 같은 베이스 보드의 활용을 소개한다. 이 베이스 보드는 저자의 대학에서 마이크로프로세서, 아두이노, 인텔 에디슨 보드, 라즈베리파이 등으로 다양한 전자부품을 효과적으로 제어하기 위하여 제작을 의뢰하여 지난 10여년 동안 활용한 것이다(시중에서도 구할 수 있다. Naver "GONGdoriworld" 검색).

B.3의 실습용 베이스 보드는 LED 4개, 버튼 스위치 4개, 가변저항(VR), 피에조, FND, 빛센서(CdS), 온돈센서가 아두이노 보드와 연결하여 실습이 편리하도록 구성되어 있다. 또한 Text LCD, 블루투스 모듈 또는 센서 모듈을 추가 연결하기 쉽도록 연결 포트를 가지고 있다.

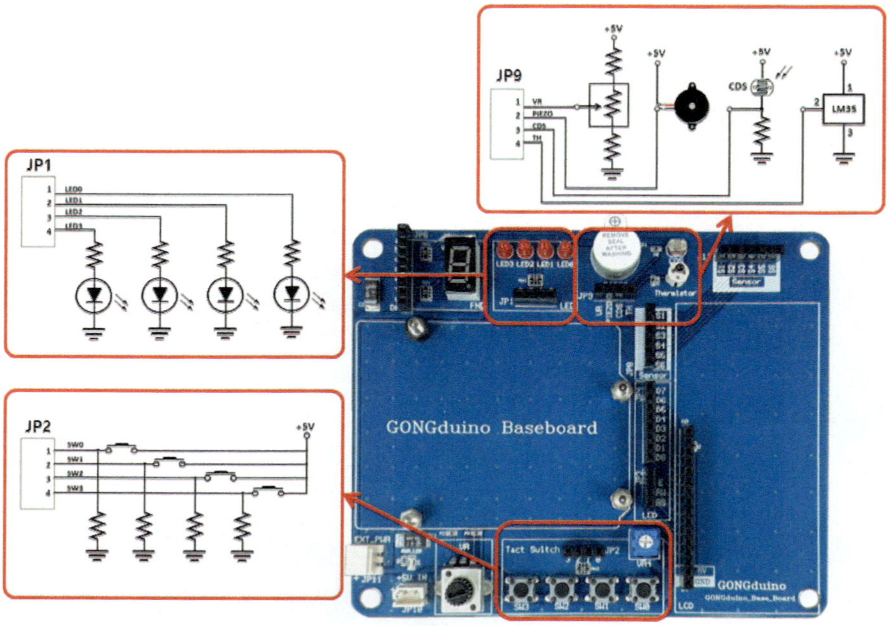

그림 B.4
실습용 베이스 보드의 회로

실습용 베이스 보드의 LED, 버튼 스위치와 피에조 센서 등이 연결된 회로는 그림 B.4와 같이 직류전원이나 접지 등이 공통으로 배선되어 있어서, 베이스 보드에 아두이노 보드와 같은 마이크로컨트롤러를 장착하고 그림 B.5와 같이 마이크로컨트로러의 제어신호선을 베이스 보드의 컨넥터에 연결하면 쉽게 회로를 구성하고 제어 프로그래밍 실습할 수 있다.

그림 B.5
실습용 베이스 보드의 실습회로 구성

B.3 실습용 베이스 보드의 활용

(1) LED 제어 예제(3장)

그림 B.6
디지털 핀 #13과 LED 연결

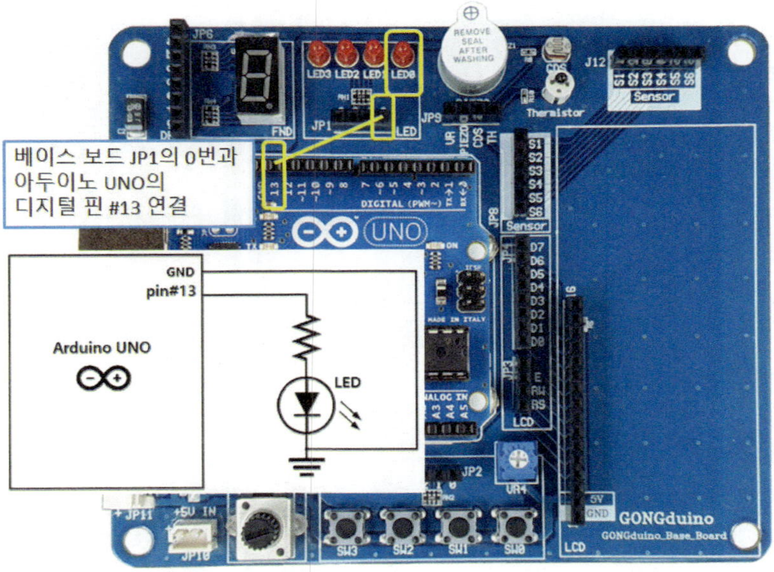

그림 B.7
디지털 핀 #11과
LED 연결

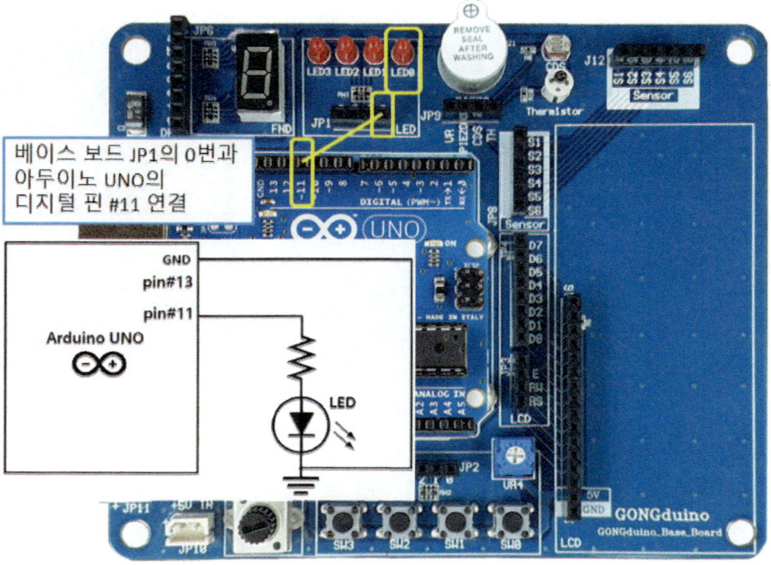

그림 B.8
디지털 핀
#10~#13과
LED 4개 연결

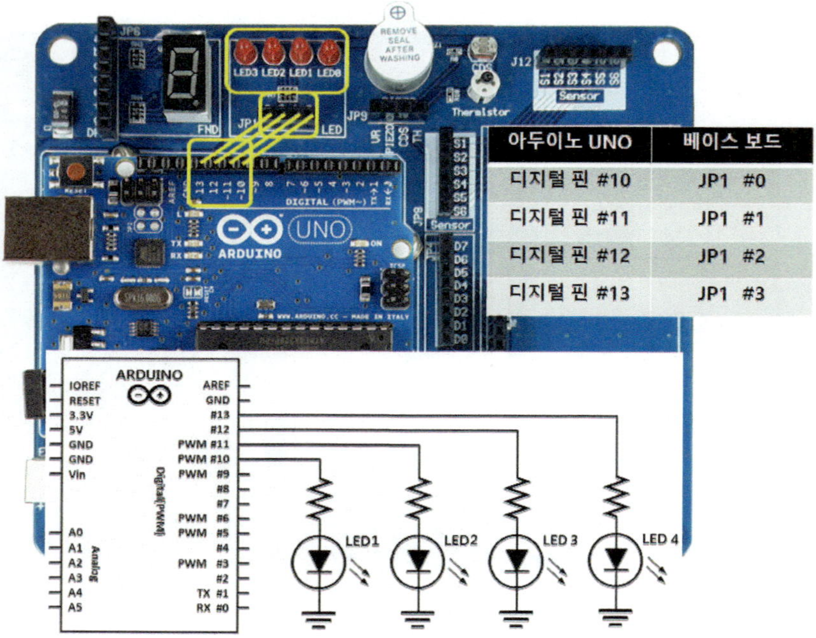

(2) 스위치와 LED 제어 예제(4장)

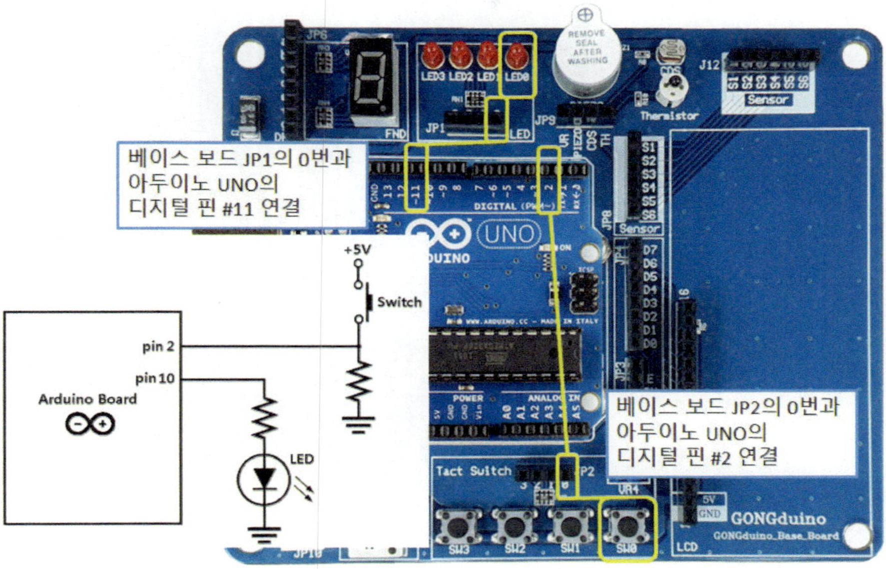

그림 B.9
디지털 핀 #11과 #2에 각각 LED와 버튼 스위치 연결

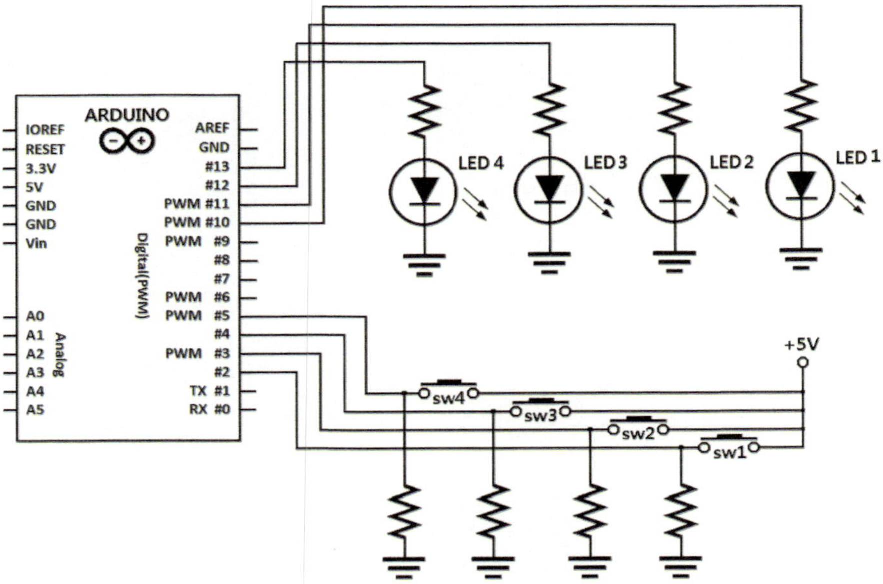

그림 B.10(a)
디지털 핀 #10~13과 #2~#5에 각각 LED 4개와 버튼 스위치 4개 연결

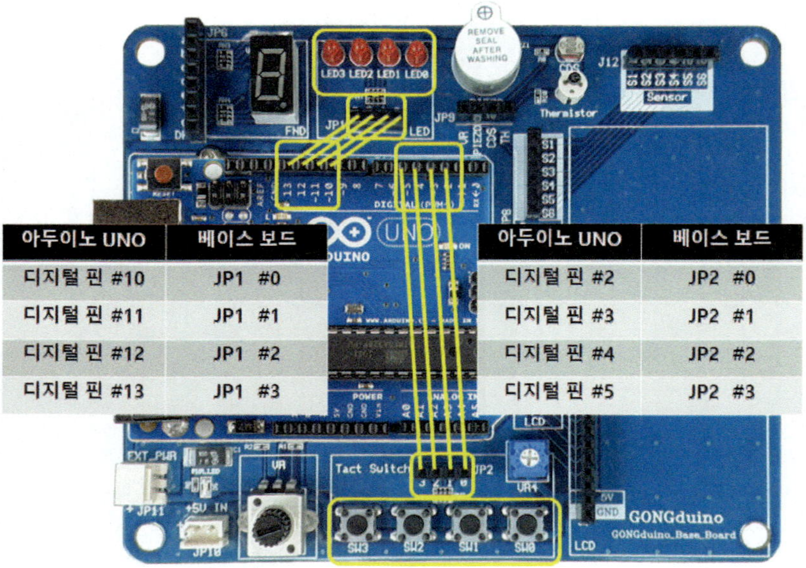

아두이노 UNO	베이스 보드
디지털 핀 #10	JP1 #0
디지털 핀 #11	JP1 #1
디지털 핀 #12	JP1 #2
디지털 핀 #13	JP1 #3

아두이노 UNO	베이스 보드
디지털 핀 #2	JP2 #0
디지털 핀 #3	JP2 #1
디지털 핀 #4	JP2 #2
디지털 핀 #5	JP2 #3

그림 B.10(b)
디지털 핀 #10~13과 #2~#5에 각각 LED 4개와 버튼 스위치 4개 연결

(3) 피에조 제어 예제(5장)

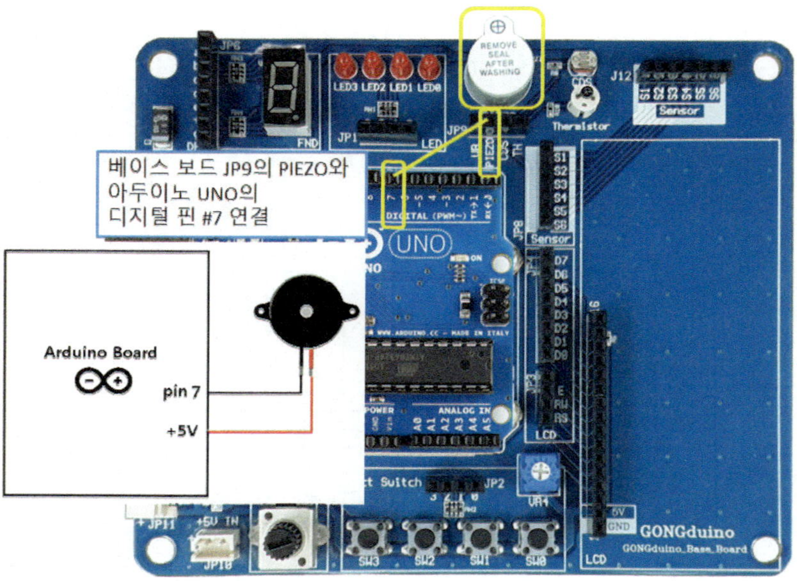

그림 B.11
디지털 핀 #7에 피에조 연결 연결

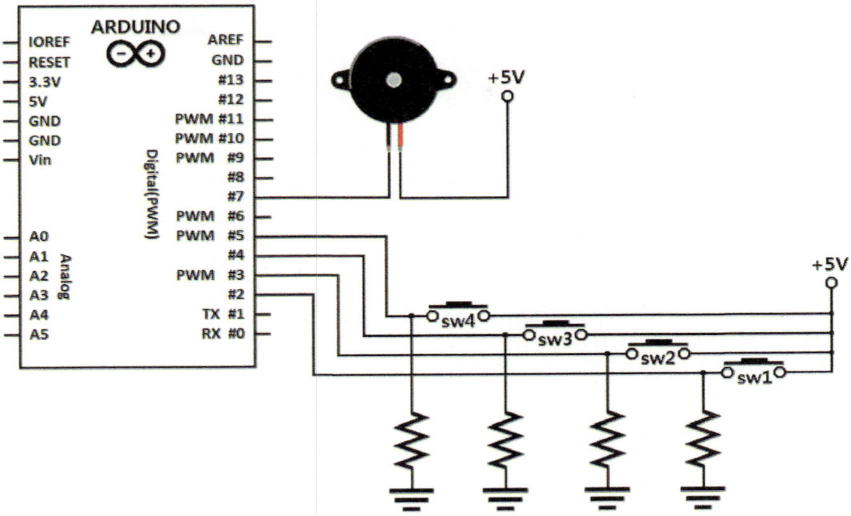

그림 B.12(a)
디지털 핀 #7에 피에조, #2~#5에 버튼 스위치 4개 연결(회로)

아두이노 UNO	베이스 보드
디지털 핀 #2	JP2 #0
디지털 핀 #3	JP2 #1
디지털 핀 #4	JP2 #2
디지털 핀 #5	JP2 #3
디지털 핀 #7	JP9 PIEZO

그림 B.12(b)
디지털 핀 #7에 피에조, #2~#5에 버튼 스위치 4개 연결(베이스 보드 활용)

(4) 가변저항/센서 제어 예제(7장)

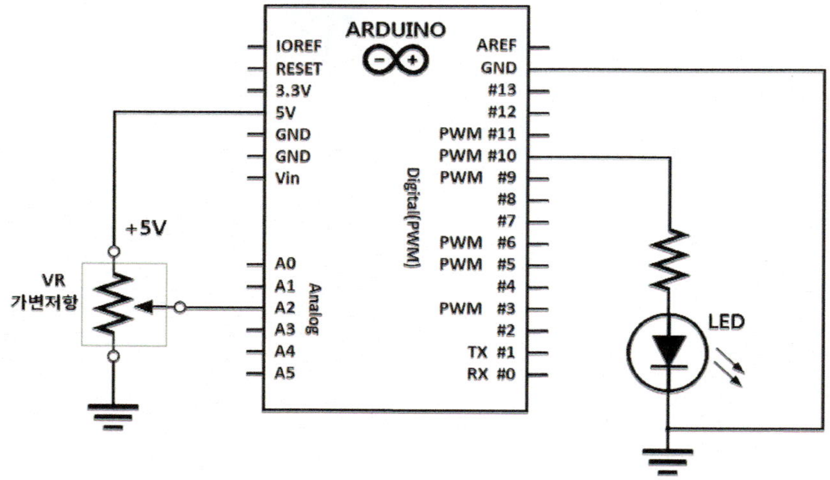

그림 B.13(a)
아날로그 입력 A2에 가변저항 연결(회로)

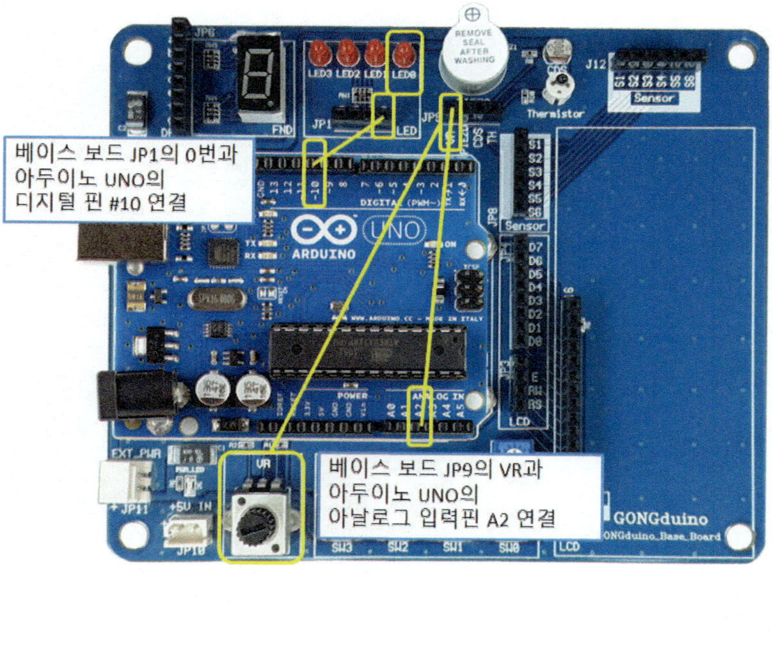

그림 B.13(b)
아날로그 입력 A2에 가변저항 연결(베이스 보드 활용)

(5) SmartTrash(12장)

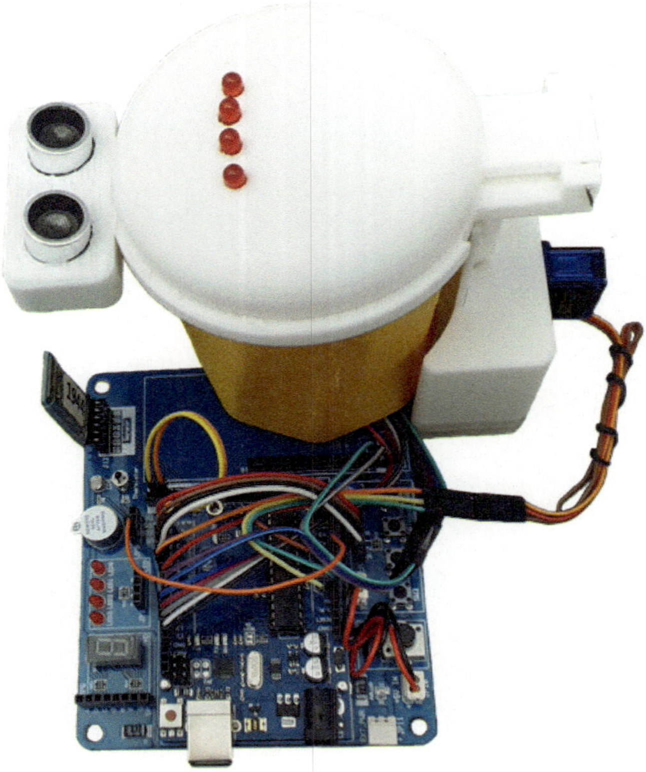

그림 B.14
SmartTrash 제어(베이스 보드 활용)

저자소개

조도현 인하공업대학 디지털전자과 교수

저자와의
협의에 의해
인지 생략

컴퓨터적 사고를 위한 Visual Programming

Ardublockly 활용

1판 1쇄 2020년 2월 1일

저 자 조도현
발행인 송광헌
발행처 복두출판사
주 소 서울특별시 영등포구 경인로82길 3-4
센터플러스 807호 (우) 07371
전 화 02-2164-2580
FAX 02-2164-2584
등 록 1993. 11. 22. 제 10-902 호

정가 : 15,000원

ISBN : 979-11-5906-636-8 93560

한국과학기술출판협회 회원사

* 본 도서의 자료 업데이트가 있을 경우 본사 홈페이지 자료실에 업로드 됩니다. 정기적으로 들러서 유익한 자료를 받아가시기 바랍니다.